民國滬上初版書·復制版

新聞學綱要

徐寶璜 著

上海三聯書店

U0902103

图书在版编目(CIP)数据

新闻学纲要 / 徐宝璜著. ——上海:上海三联书店,2014.3
(民国沪上初版书·复制版)
ISBN 978-7-5426-4603-3
Ⅰ.①新… Ⅱ.①徐… Ⅲ.①新闻学 Ⅳ.①G210
中国版本图书馆 CIP 数据核字(2014)第 033722 号

新闻学纲要

著　　者 / 徐宝璜
责任编辑 / 陈启甸 王倩怡
封面设计 / 清风
策　　划 / 赵炬
执　　行 / 取映文化
加工整理 / 嘎拉 江岩 牵牛 莉娜
监　　制 / 吴昊
责任校对 / 笑然

出版发行 / 上海三联书店
(201199)中国上海市闵行区都市路 4855 号 2 座 10 楼
网　　址 / http://www.sjpc1932.com
邮购电话 / 021-24175971
印刷装订 / 常熟市人民印刷厂

版　　次 / 2014 年 3 月第 1 版
印　　次 / 2014 年 3 月第 1 次印刷
开　　本 / 650×900　1/16
字　　数 / 170 千字
印　　张 / 14.75
书　　号 / ISBN 978-7-5426-4603-3/G·1317
定　　价 / 78.00 元

民国沪上初版书·复制版

出版人的话

如今的沪上，也只有上海三联书店还会使人联想起民国时期的沪上出版。因为那时活跃在沪上的新知书店、生活书店和读书出版社，以至后来结合成为的三联书店，始终是中国进步出版的代表。我们有责任将那时沪上的出版做些梳理，使曾经推动和影响了那个时代中国文化的书籍拂尘再现。出版“民国沪上初版书·复制版”，便是其中的实践。

民国的“初版书”或称“初版本”，体现了民国时期中国新文化的兴起与前行的创作倾向，表现了出版者选题的与时俱进。

民国的某一时段出现了春秋战国以后的又一次百家争鸣的盛况，这使得社会的各种思想、思潮、主义、主张、学科、学术等等得以充分地著书立说并传播。那时的许多初版书是中国现代学科和学术的开山之作，乃至今天仍是中国学科和学术发展的基本命题。重温那一时期的初版书，对应现时相关的研究与探讨，真是会有许多联想和启示。再现初版书的意义在于温故而知新。

初版之后的重版、再版、修订版等等，尽管会使作品的内容及形式趋于完善，但却不是原创的初始形态，再受到社会变动施加的某些影响，多少会有别于最初的表达。这也是选定初版书的原因。

民国版的图书大多为纸皮书，精装（洋装）书不多，而且初版的印量不大，一般在两三千册之间，加之那时印制技术和纸张条件的局限，几十年过来，得以留存下来的有不少成为了善本甚或孤本，能保存完好无损的就更稀缺了。因而在编制这套书时，只能依据辗转找到的初版书复制，尽可能保持初版时的面貌。对于原书的破损和字迹不清之处，尽可能加以技术修复，使之达到不影响阅读的效果。还需说明的是，复制出版的效果，必然会受所用底本的情形所限，不易达到现今书籍制作的某些水准。

民国时期初版的各种图书大约十余万种，并且以沪上最为集中。文化的创作与出版是一个不断筛选、淘汰、积累的过程，我们将尽力使那时初版的精品佳作得以重现。

我们将严格依照《著作权法》的规则，妥善处理出版的相关事务。

感谢上海图书馆和版本收藏者提供了珍贵的版本文献，使“民国沪上初版书·复制版”得以与公众见面。

相信民国初版书的复制出版，不仅可以满足社会阅读与研究的需要，还可以使民国初版书的内容与形态得以更持久地留存。

2014年1月1日

新聞學綱要

徐寶璜 著

中華民國十九年十月二十日初版

徐寶璜遺像

天鵬學弟大鑒：前奉
手書，藉悉服務
申報，至為欣慰。佳文之紛久欲發行，方
謝事蝟集，復南下多日，致延未及報
命。題長長黃行月刊，極願力助其成。示
先抄去年舊作一篇，有暇當續撰投稿也。
此復，順頌
著祺

徐寶璜敬啟 三月二十日

序

六月十五日接到京報友人的來信，報告徐伯軒先生於一日逝世了！那時我感到的哀痛，這一生是不會忘記的。一個「平生風義兼師友」的人，上月纔商量着北大新聞教育的計劃，不幾時就人神異路了。雖則人生的壽夭，本來就不足論，但一個新聞界大師的喪亡，就不說私人的交誼，在學術界上也是個莫大的損失，我們要怎樣紀念這新聞學界的開山祖啊！

在廿二日的上海「記者週報」上，我做了一篇「悼徐伯軒先生」，原文如下：

國立北京大學教授九江徐寶璜先生，於六月一日在平逝世，噩耗傳來，痛哭失聲！先生爲新聞界之先覺，提倡新聞學最早，今日執役報界者，多出先生之門下。近方籌備北大增設新聞學系事，不意倏爾奄逝，從學遽失良師，此誠新聞界之大不幸也。

先生少遊於美，鼎革後歸國，即執北大教鞭，兼司晨報筆政，其時新聞學尚未爲人注意，先生極力提倡，民國七年於北大設新聞學研究會，並添新聞學一門爲選修科，啓我國新聞教育之端。復本其研究與經驗，著「新聞學」一書行世。蔡元培先生推爲新聞學破天荒之著述，其價値可知。故後之言新聞學者，每遵崇先生之說。

越數年北京平民大學成立，新聞學系列爲三大學系之一，即由先生主持其事。又就其講稿，輯爲「新聞事業」一書，歸商務印書館出版。旋北京新聞學會刊行「新聞學刊」，多賴先生之指導。後選輯「新聞學刊全集」，復爲序行，其提倡新聞學術與誘掖後進，二十年如一日也。

昨月予自海外歸來，數得先生手書，殷邀北遊，約逭署西山，襄助畫定生平之著作，滬上筆政羈牽，覆書未發，而噩耗繼至，竟成臨終之遺言。年僅三十有七，未及覩新聞事業之大成，而齎志以沒。痛哉！先生之逝也。

然先生雖死，先生之精神固未死也。先生偉大之人格，與此天地以俱永；先生浩瀚之著述，爲學術界之寶庫。光大發揚之責，則吾儕生者之責也。吾儕哀悼先生，吾儕尤應努力以實現先生之遺志！

這篇文字發表後，南北報紙同聲的哀哭。歸納蓋棺的定論，先生一生最大的貢獻，就是提倡新聞學。在一二十年以前，新聞記者在社會上認爲無聊的文人，新聞紙一般人認爲遣閒的讀品，先生衆醉獨醒，大聲疾呼，以改造新聞事業爲己任。於是國人始知新聞事業之價值，新聞記者乃高尙的職業。新聞界風氣的轉變，這是先生提倡的効果啊！

五四運動的前後，我正從事新聞學的研究，啓蒙的課本，就是先生著的「新聞學」。我對新聞學的基礎智識，差不多都是從這本書上得來的。後來我到北京去，和先生時相過從，我對先生的言論丰采，道德文章，愈更傾倒；先生對我也十分的期望。二三年前我將離開北平，走別先生於南海政治分會，先生對我南遊的期望自不消說，第二天他到石駙馬大街豫大飯店來送行，不想這一次却成永訣了！

談到先生的爲人，凌霄漢閣主說得最洽當。他說：「處世接物，和易安雅，自奉儉約，純一學者態度　凡事既求心之所安，又悉力之所及，以期百妥。」這話凡曾和先生有一面之雅的人，可確定並不是過譽的。不想體胖又多思慮，遂致風痰之疾，終以此喪生，竟中「恆慮致痰」的哀讖！

現在先生是死了，但先生的勳業永遠是燦爛的。我隨便引一個關於先生記載的例子：

中國新聞教育之創始者爲徐寶璜氏，始設新聞學研究會，既增大學新聞講座。徐氏一美國留學生也，知新聞教育之重要獨早，故能爲新聞界之先覺者。

——新聞及新聞記者——

凡嘗在報界較久或讀過「中國報學史」的，就知道先生的位置。「新聞教育開山祖」這個榮譽，先生固當之而無愧，就是新聞學著述方面，也應該推先生爲第一位大師的。京報曾評先生的「新聞學」說：「新聞學以前中國無專門研究新聞之書藉，有之自先生始，雖僅五六萬字，以言簡賅精當，則無出其右者。在中國新聞學史上，有不可抹滅之價值，無此書，人且不知新聞爲學，新聞要學，他無論矣。」這是最適當的估定，也可見這書在新聞學史上的價值了。

新聞學的第一本書，本來就不容易作的，然靠先生的大才，終于脫稿了。對新聞學上的重要問題，都有精當的解剖，而釐定新聞的定義與價值，新聞紙的性質與功用，都有獨到的眼光。他如採訪編輯印刷發行各方面，在在有「言簡意賅」的精論，後來新聞學的著述，大半受他的影響。從五四運動到現在，抵住了這時期新聞學界的中心潮流。可是原書却已絕版了，我曾請先生再版過幾次，先生總想重新編一部稿子，不料夙志未成身先死了！

我們爲光揚先生的學說，決定重印這本書，根據最初的版本，重行編校，卷末附了先生晚年的幾篇論文，可以見晚年思想的變遷。我曾和戈公振先生說過，蓋棺定論，先生是新聞教育第一位的大師，新聞學界最初的開山祖，「新聞學」在新聞學史上應居最高峯的位置，我自信這話並不是私人的溢譽，寫信告訴我的好友張一葦先生，他也承認這是最後的定論了。

「新聞學」最初是名「新聞學大意」，但內容的提綱挈要，還是命名「新聞學綱要」最妥。這是概論一類的書，在初學新聞學的人最適宜的，也是學校最好的課本。要是我開張新聞學必讀書目，我第一部推舉「新聞學綱要」。

黃天鵬序於海上天廬逍遙閣

中華民國十九年八月

目錄

附錄：

第一章　新聞學之性質與重要

嘗考各科學之歷史，其成立無不在其對象特別發展以後，有數千年之種植事業，然後有農學林學。新聞紙之濫觴既遲，而其特別發展，又不過近百年事，故待至近數十年，方有人以其爲對象　特別研究之者；研究結果，頗多所得，已足構成一種科學，不過尚在青年發育時期耳，此學名新聞學，亦名新聞紙學。既在發育時期，本難下以定義，姑曰，「新聞學者，研究新聞紙之各問題而求得一正當解決之學也。」此雖稍嫌籠統，然終較勝於無。

新聞紙之各問題，可分屬於編輯組織營業三方面。茲將各方面之重要問題，列舉於下：

(一)編輯方面

(1)新聞紙之職務。

（2）新聞為何物，其價值如何決定？

（3）新聞於何處求之乎？應如何求之乎？

（4）新聞應如何報告于閱者乎？

（5）新聞題目，應如何構造乎？

（6）社論應如何編輯乎？

（二）組織方面

（1）新聞社之組織。

（2）各種通信社之組織。

（3）新聞紙之組織。

（4）新聞社之設備。

（5）新聞社社員之養成。

（三）營業方面

(1)廣告如何可以發達？

(2)銷路如何可以推廣？

在教育普及之國，其國民無分男女老少，平時有不看書者，殆無不看新聞紙者，言論行動，多受其影響。至對其紀載，多所懷疑，對其議論，未肯盲信者，固不乏人；然其勢力駕乎學校教員教堂牧師之上，實爲社會教育最有力之機關，亦爲公認之事實。自各國民權發達以來，國內大事，多視輿論爲轉移，而輿論又隱爲新聞紙所操縱，如是新聞紙之勢力，益不可侮矣。至其爲禍爲福，則視乎人能否善用耳。能善用之，則日本松本君平氏論新聞紙之言，並非虛語。其言曰：「彼如豫言者，謳國家之運命；彼如裁判官，斷國民之疑獄；彼如大法律家，制定律令；彼如大哲學家，教育國民；彼如大聖賢，彈劾國民之罪惡；彼如救世主，察國民之無告痛苦，而與以救濟之途。」如不能善用之，則可以顛倒是非，播散謠言，無事生端，小事化大，敗壞個人之名譽，引起國內之政爭，擾亂國際之和平。推而極之，不讓於洪水猛獸。美國各著名大學，近均設立新聞學專科，傳輸相當之智識，養成相當之人材，卽因有見於斯學之非常重要也。

第二章　新聞紙之職務

「新聞紙」之名詞，在英文爲 NewsPaPer，在日文爲「新聞」，國人亦簡稱曰「報紙」，曰「報章」，曰「新聞」，或曰「報」。其職務有六，供給新聞，代表輿論，創造輿論，輸灌智識，提倡道德，及振興商業。而前三者，尤爲重要。玆分別討論之：

（一）供給新聞　新聞者，乃多數閱者所注意之最近之事實也。（其說明見次章）故第一須確實。凡閉門揑造，以訛傳訛，或顚倒事實之消息，均非新聞。第二須新鮮，明日黃花之消息，亦不能認爲新聞，蓋新聞有如鮮魚，魚過時稍久，則失其味，新聞逾時稍久，其價值不失亦損矣。

以眞正新聞，供給社會，乃新聞紙之重要職務，亦於社會有極大之關係。蓋自民權發達以來，各國政治上社會上經濟上之大事，多視其輿論爲轉移，而輿論之健全與否，又視其所根據之事實究竟正確及詳細與否以爲定。輿論之以正確詳細之事實爲根據者，必屬健全，若所根據者並非事實則健全之輿論無望矣。新聞紙者，最能常以關於各種問題之消息，供給社會者也。輿論之根據，實在其掌握中。如以新聞相供給，則社會有正當之根據，自發生正當之輿論，諸事自可得正當之解決。若所供給者爲非新聞，則輿論之根基既已動搖，健全何有？故新聞紙當力求供給新聞，既不可因威迫利誘或個人之關係，以非新聞而假充新聞，亦不可因一種關係而沒收重要新聞，致社會無研究與立論之根據。

近人注意之事物，日益加多。新聞既爲閱者所注意之事實，故其範圍近亦較前擴大，且有日益擴大之勢。新聞現不限於本埠及本國之要事也，自世界交通日便各國發生密切關係以來，他國之要事，亦爲吾人所注意，故亦爲新聞。此所以昔者美國威爾遜總統之病狀，日有專電，登於各國新聞紙之重要新聞欄內也。又新聞現不限於政治上之大事也，卽社會上之大事，亦爲衆所注意，故亦爲新聞。此所以各國勞働團體之舉動，見登於各國之新聞紙，而吾國自「五四運動」以來，學生界之消息亦爲國內各報所十分注意也。故新聞紙之欲盡供給新聞之職務者，不可僅以登載本國政治上之要聞而自足也。

(二)代表輿論　代表輿論，亦新聞紙重要職務之一。西人常云，「新聞紙者，國民之喉舌也。」國內各報出版時，其發刊詞亦多曰，「將代表輿論」，可見此職務，早爲世所公認，不過「代表」二字之解釋，今昔頗有不同。昔則僅爲對於政府而代表國民之輿論也，今則又應對於世界而代表國人之輿論；昔則似僅代表國民而監督政府也，今則又應代表國民向政府有所建議或要求。新聞紙欲盡代表輿論之職，其編輯應默察國民多數對於各重要事之輿論，取其正當者，著論立說，代爲發表之。言其所欲言而又不善言者，言其所欲言而又不敢言者，斯無愧矣。若僅代表一人或一黨之意思，則機關報耳，不足云代表輿論也。新聞紙亦社會產品之一種，故亦受社會之支配。如因願爲機關報，而顯然發表與國民輿論相反之言論，則必不見重於社會，而失其本有之勢力，如洪憲時代之亞細亞日報等是也。

歐美各國之政府，大抵均重視輿論，一政策之取舍，一事之興革，往往視輿論爲轉移，不僅於國會中求輿論之所在，且於重要新聞紙之言論中，覘輿論之趨向。卽外國政府，亦復注意及之，因知其本國政府之行動，多少必受其言論之影響也。吾國政府，對於輿論，素不重視，且封閉報館之事，時有所聞，遂致新聞紙爲保存自身計，常不敢十分代表輿論。否則註册於外國政府、以博得言論自由，此誠爲莫大之憾事！在政府固爲不智，然新聞紙卽因此畏首畏尾，置職務於不盡，亦爲不可。蓋爲輿論殉，爲正誼殉，本爲光榮之事，況全國報紙，如能同起而代表輿論，則政府雖有意干涉，亦莫可如何哉。

（三）創造輿論　新聞紙不僅代表輿論也，亦應善用其勢力，立在社會之前，創造正當之輿論，而納人事於軌物焉。此種創造的職務，世界之大新聞社，無不重視之。我國戊戌以後上海發行之蘇報警鐘報民呼報等報，亦均注重創造輿論之報紙也。至創造之方法有三：一爲登載眞正之新聞，以爲閱者判斷之根據。羣衆心理，對於幾件大事，常有一定之善惡判斷，如營私舞弊，拍賣國家權利，均舉世所謂惡行也。急公好義，舉世所謂善行也，世如果有營私舞弊或拍賣國家權利之人，新聞紙只須將其劣績，振筆直書，「和盤托出」，則輿論自必起而攻之，不待新聞紙之鼓動。二爲訪問專家或要人，而發表其談話。多數國民，對於當面之問題，往往因其事屬專門，或內容複雜，而無一定之主張。新聞紙應於此時訪問專家或要人，徵求其意見而公布之，以備國民之參考，正當輿論，常可因此發生。三爲發表精確之社論，以喚起正當之輿論。編輯本自己之學識與熱忱，細心研究各種應與革之事，常著切實之論說，說明其理由與辦法，以提倡之。初或無甚反應，然歷時稍久，必能使社會覺悟，因發生正當之輿論，使應興之事果興，應革之事果革，然非編輯有純潔之精神，高尙之思想，遠大之眼光，不足以語此也。

（四）輸灌智識　新聞紙之在文明各國，已成社會教育最有力之機關，在文化運動中，佔甚重要之地位。故輸灌智識，遂亦爲其重要職務之一矣。爲盡此職務起見，歐美大報，每日採集世界各處之正當新聞而登載之，如是閱者不出屋而可知天下大事。又對於教育，商業，科學，美術，特立專欄，請有專門智識之人編輯之。亦有於星期日，增加篇幅，登載專篇，或論政治，或講學術，或紀最新之發明，或敍游歷之見聞者。如是閱者破少許之工夫，卽可得很多有用之智識。又設立問答欄，備閱者之質疑或請教，如其良友然。有人稱之爲閱者每日之圖書館，及販賣智識之雜貨店，誠確喻也。吾國報紙，近雖亦有對於世界各種之大事，爲明瞭之記載，並介紹學術與思潮者。然多數則對於新聞，偏重本國政治之消息，事雖瑣碎，亦多夾雜其中，對於學術及思潮，絲毫不爲介紹。而香豔詩詞，誨淫小說，某某之風流案，某某之秘史，反日日登載，此所以吾國之民智不進，而民德日衰也。

（五）提倡道德　新聞紙應立在社會之前，導其入正當之途徑，故提倡道德，亦爲新聞紙職務之一。使新聞紙素得社會之信任，則惡者因其劣行登載而受輿論之攻擊，善者因其善行登載而受輿論之贊揚，雖不必發生嚴如斧鉞，或榮如華衮之力量，然足以懲惡勵善，則毫無疑義。至學術之介紹，思潮之輸入，新聞之正當，均足使閱者注意於正當之事業，亦爲事實。吾國報紙，雖無不以提倡道德自命，然查其新聞，常不確實，讀其論說，常欠平允，往往使是非不明，致善者灰心而惡者張膽。更觀其廣告，則誨淫之藥品，冶遊之指南，亦登之而無所忌諱。甚至爲迎合社會心理以推廣銷路起見，於附張中或附印小報，登載「花國新聞」香豔詩詞，誨淫小說，及某某之豔史等件。且有廣收妓寮之廣告並登妓女之照片，爲其招徠生意者。是不惟不提倡道德，反暗示閱者以不道德之事，既損本身之價值，亦失閱者之信任，因閱者將漸視其爲一種消閒品耳。此於記者之道德，亦大有關係。因迎合社會，乃賤者之所爲，與敲詐同爲不德也。

(六)振興商業　廣告者，商業之媒介也。而新聞紙之廣告，尤爲有力。美國各大報，近對於廣告，多採取廓清政策。既排除誨淫之廣告，即虛僞欺人者，亦不收登。如是其廣告，不啻商業新聞，深得社會之信任，商業因之頗爲振興。又聘請有專門智識之人，編輯商業專欄，登載金融貿易物價市況種種消息，既敏且詳，亦足助商業之發達。各大報所以如是者，蓋因認振興商業，爲其職務之一也。

綜上所述，可見新聞紙之職務甚重，新聞事業，爲神聖事業，新聞記者，對於社會，負有重大之責任。彼以顚倒是非，博官獵賄，或專以致富爲目的而辦新聞紙者，乃新聞事業之罪人也。

第三章　新聞之定義

新聞果爲何物乎？余之答案如後：

新聞者，乃多數閱者所注意之最近事實也。

茲分別說明之：

（一）新聞爲事實　新聞須爲事實，此理極明，無待解釋，故凡憑空杜撰閉門揑造之消息，均非新聞。彼因無採訪之能力，揑登消息，以了責任者，或爲迎合社會之惡劣心理，常揑登猥褻之新聞如某某之風流案，某姨太太或小姐之秘史者，或因受股東或津貼者之指揮，登載一種謠言以混亂一時之是非者，是爲有意以僞亂眞，其欺騙閱者之罪，實不可恕。

『報紙有聞必錄』，此吾國報紙之一極普通之口頭禪，且常引爲護身符者也，其實絕無意義。因若信一二人之傳說，而不詳加調查，證其確否，逕視爲事實而登載之，將致常登以訛傳訛之消息，且有時於不知不覺成爲他人播謠之機械，此亦爲以僞亂眞，又烏乎可？卽假定所聞者全爲事實，亦不能盡行登載，因事實之非新鮮或非閱者所注意者，仍無新聞之價值。若『必錄』所聞，則報紙之新聞，與街談巷議無別矣。況新聞紙之篇幅有限，又安能『必錄』所聞之全部耶？然吾國報紙，則恆引此不通之六字以爲護身符，對於所登之新聞，縱使錯誤，亦不負責任，因按『有聞必錄』之原則，本無調查所聞確否之必要也。甚有於此六字之下，爲達不正常之目的起見，登載消息，攻擊他人之私德，不留餘地者。此爲吾國新聞界幼稚之明證，亦一亟應糾正之事也。

訪員不僅採集新聞時，須審傳聞之確否也。卽編輯時，亦須謹愼據實直書。行文之間，既不可故意顚倒事實，亦不可隨意穿鑿附會，致與事實不符。編輯對於該新聞，如有意見，可於社論欄發表之，或於新聞之後，加以附註。切不可將意見夾雜於新聞中，迷惑讀者，否則亦爲以假亂眞也。常見吾國報紙往往將原來五六行即可登完之新聞，『特別放大』加入許多意見，與利用社會弱點之議論，成一篇洋洋千言痛快淋漓之大文章。是證明其不知新聞爲何物也，否則爲有意剝奪閱者之權利。因只有事實，可成新聞。事實登載後，閱者自然自有主張。今將記者之意見夾雜在內，腦經簡單不能識別者，無不被其迷惑，以意見爲事實而失其主張之自由矣。卽能識別者，須於長篇中尋出五六行之新聞，亦覺太不經濟矣。此亦卽應糾正者也。

總之，新聞與小說有別，須爲事實，苟非事實，卽非新聞，若登載之，是爲假冒，不能因其登載遂謂之爲新聞也。訪員採集新聞，常遇困難，雖力求得事實，而所得者常非盡爲事實，誠爲實事。然謂求得眞正之新聞不易，可也；因此謂非事實者亦爲新聞，則不可也。

(二)新聞爲最近事實　新聞固須爲事實，但不必事事皆新聞也。自古迄今，世界內經過之事多矣，卽一國所經過之事，亦指不勝屈，若一一皆爲新聞，則報紙可登之材料將汗牛充棟，登之不勝其登。而歷史書籍，均可視爲報紙矣。然古人之事，人多知之，及於今日，交通便利，凡過去稍久之事，閱者亦多早已聞悉，不待報紙之登載。使新聞爲此類已知之事，則無價値之可言。故新聞不僅爲事實，又須爲最近事實，爲閱者所欲知而尙未知之事實也明矣。至過去已久之事，皆屬舊聞，雖有多數報紙用之以塞篇幅，然不能因此遂謂之爲新聞也。常見報紙登載舊聞，每先申明該事『雖爲明日黃花，因其重要特補登之，以備閱者之考證』云云，此其自覺之表示也。或曰，「最近之事，似不能包括一切新聞。」應曰，否，過去已久之事，附屬於最近之事，而見登於新聞欄中者，是誠常有之事。苟無最近之事而附屬之，則單獨不成爲新聞也。例如陸君建章自幼之歷史，報紙在其爲奉軍副司令所鎗斃時，可附於鎗斃之事而登於新聞欄中。然苟無近事可附，則登於他欄(如雜記)可也。視爲新聞而登之，則斷不可也。或又曰，只最近之事可爲新聞，然則近事概不爲新聞耶？應曰，是當視其新聞之價值仍否存在耳。凡事均有其最近之一時期，如爲新聞也，則此時價値最高，新聞紙應卽登布之。設過此未登、逾時稍久，則其價值不失亦損。苟價値雖損而尙未全失，則事雖由『最近』而變爲『近』，仍不失爲新聞。若已全失，則不復爲新聞矣。至『最近』之期限，當視一國之交通便利與否而後能定。在交通極便之美國，二十四小時以前之事，卽成舊聞。在中國『最近』二字，現似不能如此嚴格解釋。然非四五日以前之事。則又可斷言。總之，一國之交通愈便利，則『最近』之期限愈縮短也。

（三）新聞爲閱者所注意之最近事實 更近一步言之，新聞雖必爲最近事實，然最近事實，不必一一皆爲可登於報之新聞也。例如車夫張三今早忽得重病，是最近之事也。然除非張三之病，爲一種極可怕之傳染病如虎列拉，卽本埠之新聞紙亦不能視爲新聞而登之。因注意張三之病者，充其量，不過張三本人，及其家族，親戚，朋友，其包車之主人，及其做對頭之仇人而已；若閱者則鮮有願聞其事者，報紙登之，殊無味也。使張三之病，果爲虎列拉，則又不同，本埠報紙定可視爲新聞而登之，因閱者雖不注意張三，然虎列拉之發生，則於己有甚重之關係，未有不注意者也。又如美國芝加哥城中，有一著名富翁，今年病故，是亦最近事實也。芝加哥之新聞紙，均登載其事，於新聞欄中。中國新聞紙亦可視爲新聞乎？曰，否，因閱者旣多素未聞其名，斷不至注意其生死之事，報紙登之，殊無味也，但使此富翁於其臨終之時，立一遺囑，將其所有之財產，全行捐贈，以爲在中國設一大博物院之經費，彼時中國新聞紙，又可視爲新聞而登載之。因閱者雖原不注意此富翁之生死，但一外人捐鉅資在中國設博物院之事，則未有不注意者也。且必因此，而注意其死時情狀，並其在生致富之歷史。故使中國各報，如有通信員駐芝加哥、則該員可立時用無線電報告此事於本報，以備登載也。或曰，『注意』二字不甚妥當，且『閱者』之範圍，亦形窄小，宜定新聞爲與社會中人有關係之最近事實。應曰，否，請分別言之：事之與吾人有關係者吾人固甚注意，然吾人所注意者不限於與吾人有關係之事也，此層後當說明。故若定新聞爲與社會中人有關係之事，則範圍反較窄，現時許多可視爲新聞者，亦不能視爲新聞矣，故不如以新聞爲所『注意』之事之爲妥也。又『社會中人』四字，亦不如『閱者』二字之較適，因『閱者』固社會中之份子也。『社會中人』所注意之事，閱者亦必注意之，此理之當然者也。然閱者所注意之事，不必爲全社會或其中多數人所注意也。例如國人之注意歐戰之開始議和者，僅讀書識字能看報之人。至社會中之大部份，則不注意。然歐戰開始議和消息之爲新聞，則無疑義。故謂新聞爲閱者所注意之最近事實，範圍實未見其窄小也。況定義僅以閱者所注意爲至少之限度。若能得全社會或其中多數人之注意，則爲新聞，更不待言矣。新聞乃至無定之物也，北京大學之事，北京大學中人深注意之　北京大學日刊之閱者，既幾全爲北京大學中人矣，故事雖瑣微如評議會之選舉，該報可視爲新聞而登之。然他界人士，則不注意及此。使新聞須爲社會中人所注意之最近之事　則大學評議會之選舉，即該報亦不能視爲新聞，然事實上豈如是哉？綜上種種，可見新聞紙所登之新聞，不僅須爲最近事實，且須爲閱者所注意也。注意之範圍愈廣，則新聞之範圍亦隨之而廣。自交通日便，人類生活日益紛繁日益充實以來，吾人所注意之事物，已超過國界及政界，故現時報紙不僅應供給本國政治新聞及本埠新聞，即外國大事與社會上之大事，亦應有明瞭詳細之記載也。

（四）新聞爲多數閱者所注意之最近事實　最近事實之僅爲少數閱者所注意者，當然不成爲新聞，因此種事實甚多而且無甚價值也。必有多數閱者注意之，方成爲新聞。若爲全體閱者所注意則爲絕好之新聞。然此種事實，不常見也，所以然者，因報紙之閱者，往往非屬一類之人，其中學生，官吏，商人，政客，律師，醫生，男女老少各色之人，莫不具有。彼此因性質學識地位種種之不同，所注意之事，遂亦往往不相同也。

此時有一事須申明者，即定義之意思，非謂最近事實，必須經新聞紙登載得多數閱者之注意後，方成新聞，否則不成新聞也。不過謂最近事實，非一一爲可登於報之新聞也。記者於得到各種消息後，應先問其爲事實否，爲最近事實否。如爲最近事實也，又應先按一定之標準，推定其爲多數閱者所注意否，是則登之，否則應擯於非新聞之列也。至此標準爲何，次章當詳論之。

美國之 Collier's Weekly，有一期會登十位報館編輯對於「新聞」所下之定義，（見 Mar. 18. 1911. P22）茲將其譯登於後，以備考證。並以見多數新聞記者，雖能一見新聞，立時認識，然請其以簡短之方式確當說出新聞爲何物，仍非易事也。

（一）閱者所欲知之事，皆爲新聞。

（二）事之爲國民所注意者，皆新聞也。

（三）充分人數所欲讀之事，若不違犯良趣味與毀謗律（Laws of libel），皆

爲新聞。

(四)國民願談論之事，皆爲新聞；愈能引起議論者，則其價值愈大。

(五)新聞者，乃與閱者有關係，或爲閱者所注意之各種事情，發見Discoveries及意見之正確的迅速的消息也。

(六)任何與公衆福利有關之事，任何於個人之關係，活動，意見，財產，或私人行爲之中，引起個人之注意或與以指導啓發者，皆爲新聞。

(七)新聞乃種種經過之事情，並事情之默示(Inspiration)及結果也。

(八)新聞者，乃關於有人類注意之任何事情或觀念之綱領事實，所謂有人類之注意者，即於人類生活或幸福有關或對之有一種影響也。

(九)新聞乃以國民爲根據，且完全視其如何引起他人之注意以度量者也。

(十)新聞包括一時代之一切活動，而爲一般人所注意者；能引起最多數閱者之注意者，爲最佳之新聞。

第四章　新聞之精采

推定最近事實是否爲多數閱者所注意之標準，曰新聞之精采。新聞之精采云者，乃足引起多數人注意某事實之物也。凡最近事實，有之者卽可推定其必爲多數閱者所注意，故爲可登於報之新聞，無之者則可推定其必不爲多數閱者所注意，故不成爲新聞也。新聞學與心理學常發生至深之關係。新聞之精采，卽吾人心理上之產物也，玆略舉數者於後。

（一）個人之關係　吾人對於他人所感受者，雖往往漠不關心，然對於與己身有直接或間接的關係之事，卽至微末，亦甚注意之，此人類之心理也。故無論何種最近事實，凡與多數閱者發生關係，則新聞紙可推定其必爲多數閱者所注意，而爲可登之新聞。至其與多數閱者發生關係之處，卽新聞之精采也。車夫張三之病，因與多數閱者毫無關係，故不成爲新聞。使其所得之病爲可怕的虎列拉，而閱者又多爲本城之人也，則其病與多數閱者發生個人之關係矣。當地報紙，即可視爲新聞而登之也。又昔時旅居京中之人，幾無不直接或間接感受中交票價鉄落之苦痛矣。使二行鈔票有於某日一定兌現之消息，則京中人士孰不注意之。故爲可登京中報紙之絕好的新聞，即全國人士，亦復注意及此，因此乃政府決心整理金融維持民困之表示也。故全國報紙，均可視爲新聞登之。又一國之政治，與一國之國民，因治安擔負，權利，信仰，種種問題，多少發生關係。故政治新聞，爲一般國民所注意。此所以各國報紙昔均以政治新聞爲中心，今仍以政治新聞登載最多也。

（二）人類之同情　閱者之所注意者，不限於與其有個人關係之事也，凡事之能得人類之同情者，雖與其不發生個人之關係，亦必爲其所注意，故亦爲新聞。至能引起人類同情之處，則新聞之精采也。此種事實之最普通者有三：

（甲）爲人命之損失　世人對於他人之死亡，雖與之無關係，大抵表示同情故凡最近事實之爲鉅數之人命損失者，必爲多數閱者所注意而爲新聞也。死者之數目愈大，則注意之人愈多。故在此新聞之精采，卽此數目也。昔者江寬爲楚材所撞沉，數百乘客，同時葬於魚腹，此爲鉅數之人命損失，故全國新聞紙無不登于重要新聞欄內也。

（乙）爲財產之損失　財產之損失，與人命之損失同，亦能得世人之同情，而爲其所注意。故最近事實之爲鉅額之財產損失者，記者亦可推定其爲多數閱者所注意而爲新聞也。至在此則財產損失之數目，乃新聞之精采也。前在上海時報中見其轉譯字林西報之新聞一則如後，其題目爲「士耳基之大火警」：

◻士耳其之大火警

△損失有數千萬金之鉅

△流離失所者二十餘萬人

字林西報云云：五月三十一日君士坦丁（即土耳其京城）大火警，延燒至六月二日始熄。聞其起火原委，由于一吸餘之紙烟失愼所致，火區長有三英里左右，燬屋五千餘所，浴池兩所禮拜堂十餘座，流離失所者有二十餘萬人，災民中現患紅疹流行病，因苦情狀，不堪言喻，約計此次損失有數千萬金之鉅，誠世界未有之火警也。

夫多數之閱者，嘗未作君士坦丁之遊，對於失愼地方之所在，均漠然也。今字林西報登之，而時報譯登之者，因財產損失，既有數千萬金之鉅，又加以「流離失所者有二十餘萬人」之多，多數閱者縱素與土耳其毫無關切，對此火警，亦不免表示同情，因而注意也。若財產損失之事，發生於中國，則數目雖較小，亦必不失爲重要新聞也。

（丙）爲奮鬬之精神　個人或團體之奮鬬的精神，無論表出之方式爲何，均能引起人類之同情而爲其所注意。故最近事實之表示此種精神者，皆爲新聞，而奮鬬之處，即新聞之精采也。「五四運動」及「六三運動」之所以得世人之同情者，即因其富於奮鬬之精神也。故其間發生之種種事實，各報均視爲好新聞而登載之也。

（三）求勝之競事　人類均有好勝之心，故對於各種求得勝利之競爭，不論其爲國際的，政治的，商業的，或游戲的，莫不注意。此所以關於戰事之最近消息，爲絕好之新聞，即演說比賽或足球比賽之結果，各報亦爭先登載也。罷工之舉，各報多詳細登載，亦因其爲勞働者與資本家之競爭也。

（四）著名人物之姓名　又吾人之心理，對於著名之人物，雖素未謀面，而其一言一動，則均甚注意之。故凡最近事實之關於著名人物者無論鉅細，新聞紙可推定其爲多數閱者所注意而爲新聞也。至此人物之姓名，則爲新聞之精采，一經提出，即能引人注意此最近事實也。前在國內各報中，見有「黃陂潛心佛學」之新聞一通如後：

黃陂潛心佛學

△讀經不倦

黃陂自卸政肩後，卽息影家園，杜門謝客。據其侍者云：黃陂每日除閱中外報紙，及馳馬運動外，必手持佛經，薰香默誦，日無間斷，其澹泊明志，不慕榮華，人格之高尙，世人可師之也，近更遣某副官至京，赴琉璃廠採購藏經多部，以便瀏覽云。

夫手持佛經薰香默誦之人，不僅黃陂先生已也；而閱報馳馬之人尤不計其數，今僅黃陂先生之事各報視爲新聞而登之者，因黃陂先生爲國中著名之人物，其行動爲多數閱者所注意。而他人之行動雖同，但聲名則遠不及也。又曾在各報見宣統習英文孜孜不倦之新聞，夫能如宣統之孜孜不倦以習英文者，必大有人在，而勤奮過乎宣統者，或尙有人，是宣統之事本不足奇，且與閱者無關係，各報所以視爲新聞者，當亦以其爲著名人物耳。

（五）著名機關之名稱　吾人之心理，不僅注意著名人物之言動也，卽著名機關之言動，不論其所以著名者爲何，亦均甚注意之。故凡最近事實之關於著名機關者，新聞紙可推定其爲多數閱者所注意而爲新聞也。至此機關之名稱，則新聞之精采也。北京大學及安福俱樂部之一言一動所以現多見載於國內各報新聞欄內者，卽因其爲著名之機關也。

（六）事情之希奇　吾人所注意之事，不限於與吾人有關係之事，前已言之矣。凡事之奇希者，雖與吾人絕無關係，吾人亦注意之，此又人類之心理也。故凡最近事實如爲昔日所未有而今日方有者，古人所不能而今人忽能者，或人人所不爲而有人忽爲者，新聞紙均可推定其必爲多數閱者所注意，而爲可登於報之新聞。至其希奇之處，卽新聞之精采也。前在北京晨報緊要新聞欄內，見有「世界之最長壽者」之一段新聞如下：

世界之最長壽者

△現年一百三十一歲

△子女共計三十八

長子九十三歲……幼子纔五歲

最近美國某報載美國羅達基州底列基新古敦市，有一位農夫名叫蔣繆爾，於本年九月三日過了第一百三十一回底誕生日○他於一七八八年在特昆州府訥資古司奇爾市出生，美國南北戰爭底時候，他已經七十歲了○十九歲底時候，同他底前夫人結婚，夫婦之間生了子女二十九人，長子今年九十三歲了○當他一百二十五歲底時候，又同一位婦人結婚，又生了一位五歲底小孩○這位老農夫自從能夠做工以來，沒有一天有停過工作，這一次因爲做一百三十一回底壽，纔歇了一天沒有做工，所以他不但是世界最長壽底人，並且也可以說是世界最勤勉底人○他底精神還是非常之好，同三四十歲中年底人沒有甚麽區別○聽說他從今年起纔報去買人壽保險呵！

夫此中所述之將塞爾，一不著名之農夫也。不獨晨報之閱者，無一知之，恐卽原登此段新聞之「美國某報」之閱者，亦少與彼相識者，故其事與閱者甚無關係也。但其「現年一百三十一歲」及「當他一百二十五歲的時候，又同一位婦人結婚，又生了一位五歲的小孩」之事實，則極希奇，雖不敢斷其「絕後」，但敢必其「空前」，故晨報視爲重要新聞而譯登之，因知其必爲多數閱者所注意也。若有更重要之希奇之事，如飛船飛渡太平洋，則注意之人更多而爲新聞，更不待論矣。

美國 Mr. Dana 曾云，「狗咬人，非新聞也；人咬狗，則爲新聞。」此確言也。因狗咬人，乃常見之事，不足爲奇。除非狗所咬之人爲著名之人物，則斷不爲多數閱者所注意，故不成爲新聞。至人咬狗，則向所未有之事也，今如有人實行咬狗，則多數閱者必注意其何以不以脚踢之，以棍打之，以石擊之，而必以口咬之之原因，或且及其人爲誰也。故「人咬狗」之事，報紙可視爲新聞而登之也。上之所述，倘未盡新聞之精采也，凡最近事實，有之者卽爲新聞，否則非新聞也。記者對之，應有明確之觀念，於各種最近事實中，應能立認孰有新聞之精采，且於編輯新聞時首先提出，以引起閱者之注意也。

第五章　新聞之價值

組織完備之新聞社，每日所得之新聞，常過於其報紙之所能登者。據美人某君言，紐約各大報每日棄置廢字簍中之新聞，常三四倍於其實行登出者。夫同爲新聞，一則被棄置，一則見登載，是何故歟？曰，因其新聞之價值有不同耳。新聞之價值云者，卽注意人數多寡與注意程度深淺之問題也。重要之最近事實，自能引起較多人數與較深程度之注意，故爲價值較高之新聞。次要之最近事實，僅能引起較少人數與較淺程度之注意，故爲價值較低之新聞。例如京中各報之閱者中，其注意京中中交二行鈔票於某日一定兌現之新聞者，必較注意「世界之最長壽者」「黃陂潛心佛學」「土耳其之大火警」等新聞者爲多，而注意之程度亦必較深。因之前者之價值遂亦較後者之價值爲高矣。故吾人可定一公例曰，取數新聞而比較之，其價值乃與其重要之程度爲正比例。換言之，乃與注意之人數及其注意之程度爲正比例。而最好之新聞，卽最近事實中之能引起最多人數之最深注意者也。記者如遇新聞過多，不能盡行登載時，卽按此公例而斟酌各新聞之價值，棄其價值較低者，而用其價值最高者。新聞之排列，記者亦多以此爲標準，價值高者置之於前，價值低者登之於後。又新聞之編輯，亦應用此爲標準。價值高者，可詳爲登載，價值低者，可簡爲述出。然不僅新聞之間，價值常懸殊也，卽同一新聞，其價值亦隨時而異，隨地而別。玆詳論之於後：

新聞如鮮魚，登載稍遲其價值不失亦損，前已言之矣。此蓋因今日之事，在今日注意之人必多於明日，在明日又必多於後日也。故今日登載，則爲較有價值之新聞，遲至明日，則價值稍減矣。又遲一日，則價值又減或全失矣。故吾人可下一公例曰：同一新聞，其價值與發生及登載相隔之時間爲反比例。此相隔之時間愈短，則新聞之價值愈大，愈長則愈小也。爲縮短此時間起見，歐美之各大新聞社，近多實行下列三種辦法，即用敏捷傳信方法，增加發刊次數與隨時改版是也。

（一）用敏捷傳信方法　傳達消息，如賴書信，則遠在數千里以外者，雖有輪船火車之便，非數日不能達矣。如賴口傳則雖近在數十里以內者，亦非數時不能達矣。昔時之通信員多用書信以傳消息於其報，而訪員之探聽一事，多須親自報告。如是新聞之傳達費時，而新聞之登載，遂亦不能不遲緩矣。今日各大新聞社則不然，其通信員多用電報及無線電，以報告外埠新聞。而本埠之訪員得新聞後，多立用電話以報告之，由接電者編成新聞。如是昔之需數日數時方能傳達者，今則數時內或頃刻之間即可傳達而登於報矣。雖因此而費用稍巨，然新聞發生及登載相隔之時間可縮短矣，如是其價值遂大增矣。

（二）增加發刊次數　向時各新聞紙，一日之內，僅發刊一次，或爲晨刊，或爲夕刊。如是在報已發刊之後，雖接得新聞，均非俟至明日不能登載，因此新聞之價值受損多矣。各大新聞社，有鑒於此，近多於一日之中發刊數次，如爲晨刊，則於發行晨刊之外又增夕刊，或更增午刊，晨刊發行後所得之新聞，卽於午刊中發表之。又午刊發行後所得之新聞，卽於夕利中發表之。夕刊發行後所得之新聞，則於次日晨刊中發表之。於是在昔日雖有接到新聞後須過二十四小時方能登布者，今則至遲不過數小時矣。相隔之時間旣因之縮短，新聞之價値遂因之而增進，紐約及芝加哥之大報，常日刊七八次，可謂極其能事者矣。吾國報紙遇最緊要之事，不及俟次日登載者，雖亦發行號外，然遠不及增加發刊次數。因號外僅登最大之新聞，而且記載常極簡單，爲用甚小，無大補也。

(三)隨時改版　隨時改版之法，卽當登於晨刊午刊或夕刊之新聞，編輯已了時，新聞社又陸續接到他新聞，其中如有不宜待至午刊，夕刊或次日晨刊發表者，於是將印刷中之版，取出一部之舊者，而插入新來之新聞。此法行後，新聞之登布，幾可隨到隨登矣。相隔之時間既更爲縮短，而所登新聞之價值，又因之增進矣。因此種種，在歐美之新聞界，「昨日」已成不祥之名詞，訪員均忌用之。即「今日」，亦嫌其籠統，多改用「今早」「今午」「今晚」「方纔」等字矣。

同一新聞，其價值不僅隨時而大異，又抵地隨而有別也，吾人所注意之事，大抵以一己爲中心，漸推及於己所熟悉之人及事。故現雖處交通便利之世，所最注意者，大抵仍爲本埠之事，及本埠之人。至外埠之人及事，則非有特別情形者，多不注意也。故往往一事，在本埠之新聞紙，則可登數欄，而在外埠則僅值數行，或甚至絕無價值而不值一登也。例如關於前所述之「士耳其之大火警」，士耳其之報紙，可將其失火之原因，失火時之情形，人命財產損失之數目，被害之重要人物及重要商號，各種善後之辦法，詳加調查，編爲新聞，雖登萬言，亦不爲多。而火警所在之君士坦丁之報，尤可詳爲登載。此無他，士耳其遭此大火災，其國人孰不深爲注意，故爲價值甚高之新聞，因之其紀載亦可十分詳細。至吾國報紙，對於此事，則只能爲簡短之紀載。此無他，距土耳其過遠，因之國人之注意此事者，並不甚多，卽注意之，亦不甚強。換言之，此件新聞之價值，一到中國，因距離之關係，已大形減少，故只可簡短紀載也。又前黎總統爲中國全國注意之人物，故其「潛心佛學」之事，全國新聞紙均可視爲新聞而登之。然歐美各國之人，多不注意其人，故歐美之報紙，未視其「潛心佛學」之事爲新聞也。因此吾人又可下一公例曰，同一新聞，其價值與發生及登載相隔之距離爲反比例。此相隔之距離愈短，則新聞之價值愈大，愈長則愈小也，爲縮短此距離起見，美國各大報，近多有各地特版之發行。試假用上海時報以說明之。時報於其銷行最廣之長江各口岸，每一口岸，派一二通信員常駐之，專採集該地新聞，逐日報告。時報得其通信員之報告後，卽將所報告者分爲二起，如所報告者爲九江之新聞也，則分爲各地人士所注意者，與僅九江人士所注意者；各地人士所注意者，卽價值雖因距離而稍滅，但並未受大損失之新聞也。僅九江人士所注意者，卽一出九江卽無價值之新聞也。時報對於各地人士所注意者，自如常登載，然對於僅九江人士所注意者，則於時報篇幅中，特留一版以登之，名曰「九江特版」，此「九江特版」，只寄售於九江之時報有之，至寄售於安慶者，則有「安慶特版」，而無「九江特版」，寄售於南京者，則有「南京特版」，而無九江及安慶之特版，寄售於其他時報銷行頗廣之地方者，亦復如是。因此看時報之人，不僅可知外埠之重要新聞，且可知本埠之新聞，而不見外埠之無謂新聞。如是，時報所登之新聞，均爲有價值之新聞矣。

第六章　新聞之採集

新聞紙所登之新聞，有爲各通信社所供給者，有自他報轉錄者，有爲他人所投稿者，餘皆自行採集者也。爲其採集新聞之人，大抵有三種，卽採集本埠新聞之訪員，採集外埠新聞之通信員，與採集特別新聞之特別訪員。採集之後，復須加以編輯。自電話發達以來，訪員與通信員採得新聞後，往往用電話報告於其報館。「通信員用長距離電話」接電者一面靜聽，一面卽記出之，及至該談話終了時，一篇新聞已成，略加修改，卽可付印。以訪員之職務祇有採集而不必編輯矣。殊不知訪員之報告新聞也，不能次次用電話，卽用電話之時，不過未筆記耳，其須整理事實之次序，而以適當之形式說出之則一也。

第一節　新聞之分類

自採集方面言之，新聞可分爲意內與意外二種。所有新聞社預知之事，如開選舉會，運動會，演說會，紀念會等事，均爲意內新聞。因何日開會，均事前宣布，新聞社之編輯，得一一記之於薄，每日閱視之，卽知當日有何事舉行，可派訪員屆時親去採聽報告一切。新聞社每日確有把握之新聞，均此類也。至意外新聞，凡忽然發生之事，如遇險火警水災等事，均屬之。因此等事均突如其來。新聞社不能於事前布置，待知之而派人探聽時，則事巳過去矣。

第二節　新聞之略示

凡可以爲採集之基礎者，曰新聞之略示。例如新聞社之友人某君，於電話中報告聞某地失火，編輯得此報告後，卽可派一訪員親至某地調查是否實有其事，人命財產損失若干及其他事實，而編成新聞。故某君之報告，新聞之略示也。訪員採集新聞，大抵有略示以爲基礎，幷非終日閒行於街市，逢人便問有無新聞也。謠言常爲甚好之新聞略示，因訪員以此爲基礎，詳加調查，常得有價值之新聞。然調查之結果，亦有時證明謠言，僅爲街談巷議，或爲他人有意之捏造，毫無事實上之根據者。故新聞社於未查得證據之先，切不可將謠言登之報上，如該謠言與他人或團體之名譽有關，尤應特別小心。因一經宣布，公衆周知，或足敗壞他人一生之事業，而令團體失其信用不能進行。以後雖能來函更正，或由新聞社申明錯誤，然終不能完全打消該謠言登載後所發生之影響，因人類大抵以先入爲主也。吾國之新聞社，因以「有聞必錄」爲原則，對於略示與新聞，遂不加分別，此新聞欄中，所以常多無根據之記載也。

第三節　採集之方法

新聞之採集者，乃將紀載某事之各種材料，集合於一處之謂也。世人因其鄰居之事，彼因新聞紙之登載，方行知悉，如是有疑新聞社派有訪員，埋伏各處，以待新聞之發生者。其實新聞之採集，不過一種完密組織之結果耳。若果如世人所疑，則訪員之數，將與警察等，恐至富之新聞社，亦將因此而破產矣。

採集並非偶然之事，實有一定之方法，毫不紛亂，其法可大致分為二種，即日常採訪與特別採訪。新聞社之編輯，例將各種之新聞來源，（其解釋見第四節）分為若干區，每區由一訪員擔任之。訪員須每日到其區內之各來源，少則一次，多則數次，翻閱文件，訪問職員，以探聽新聞或略示。遇有重要者，立用電話報告其編輯，使其得多派訪員，分途進行。訪員對於其區內，應負責任，不可讓重要事實逃過而未加以注意。至其每日應到每來源之次數，及在每處停留之時間，則視乎在該處可指望得到之新聞之價值及數量而後定，此日常採訪之方法也。

至特別採訪之方法如下：由編輯備一略示簿，共三百六十頁，一年之中每日均有一頁。平時即將關於以後新聞之種種略示，列於此簿內相當日子之下。例如前國會於十月二十日通過一議案，責成中交二行於翌年五月一日，將二行京中鈔票，一律兌現。除在當時為一極好之新聞外，編輯並可將此新聞之剪片，貼在翌年略示簿內四月二十日一頁之上。編輯每日到館後，卽可翻閱略示簿，將本日一頁上所登之種種略示摘要錄出於一單上，附注擬派之訪員，及自己之意見。當訪員到館辦公或以電話報到時，卽可以略示及意見相告。此特別指派之事，大抵與其本區有關。如是訪員當其赴區內探訪時，可順便探聽其特別指派之事。例如在四月二十日，編輯翻閱略示簿後，卽可派訪員之常往中交二行者，以前所述之剪片爲基礎，赴二行訪問其當局者，叩其對於實行兌現議案之準備若何，及所擬兌現時之手續若何，而編爲新聞。編輯於每日，必亦接得各種緊急略示，亦做上法書在該單之上。如有訪員在社，立可派其前往探聽，否則待訪員回社或由電話報告新聞時，再行指派。

遇重要事實發生時，編輯大抵將各訪員應做之事，特定指定。以使該事之各方面，毫無遺漏。例如內閣總理定于本日由京到本埠某聯合會演說，早至晚歸，除赴聯合會外，並有數處開會歡迎。編輯以此略示爲基礎可派一訪員，專跟隨該總理，自下車時起，至上車時爲止，其職務在報告該總理在本埠之普通情形。又派一訪員專報告政界歡迎會之情形，又派訪員一人或數人報告其在某聯合會之演說，如預推其演說爲十分重要者，可用連環筆記法，記其全文。又派一訪員專報告報界歡迎會之情形。總之，凡能想到之各方面而視爲重要者，均預先安排有人，從事採集。(附註一)

第四節　新聞之來源

新聞於何處求之乎？求之之處，曰新聞之來源。各公立機關如國務院，警察廳，審判廳，學務局，商會等處，各團體如學生聯合會，各界聯合會，華法教育會等會，均爲新聞之來源。因不獨很多消息，可以在彼證明其確否，且其種種登錄，及紀載之可爲新聞或略示者，亦復不少也。凡此來源，編輯宜派訪員，日去探訪，翻閱其所登錄及記載者，遇有爲多數閱者所注意者，則檢出而編爲新聞。如有可疑之處，則宜僅視爲略示而加以調查。遇有重要消息，立應報告其編輯，以便其能派出他訪員，採聽此消息之其他方面。發見必要時，可訪問其中重要之人物如祕書。

至新聞來源之廣狹，各地不同。在尊重輿論之社會，諸事取公開主義，新聞社及訪員有已經公衆承認之地位，故向各來源翻閱文件，訪問職員，事均容易。但在輕視輿論之社會則不然，苟非訪員個人之交遊甚廣，則此等來源，必仍多封鎖，而非訪員之所得利用者也。（附註二）

第五節　因人訪問與因事訪問

新聞社之對於意內新聞也，應將其略示預先記之於一簿中，每日開視之，即知當日有何事舉行，可即派員親去探訪。前已言之矣。使訪員所須採集者，爲此類新聞，則屆時親至其地，舉目以觀，張耳以聽，從事採集尙屬容易。所難者，訪員採訪之事，大半爲意外新聞，即已過之事也。事之如何經過，不能親自見之，如是訪問之法尙矣。訪員訪問親見該事之經過者，并設法使其說出事之原委。而此時訪員之目的，又在求事實，此種訪問，曰內事訪問。除其所供給之事實外，所訪問之人及其如何敍述之方法，毫不重要。故雖因此事訪員曾見十餘人，而編輯時，則不必提出其名或引證其語。此外尙有因人訪問之一種，此時訪員之目的，在得某著名人物對於公衆所注意之某事之意見。在報登布時，亦申明此爲某人之意見，至其意見之當否，則另一問題也。故訪問實包括向人採聽事實與徵求意見而言也。

第六節　因人訪問之法

因事訪問，由來久矣。至因人訪問，乃最近發明之事業，而現時甚流行者也。凡遇一重要問題或特別事故發生時，新聞社或新聞通信社，往往派訪員向深知此問題或與事有關之人，徵求其意見，而發表之於報上以餉閱者。茲述訪員從事因人訪問時應注意者如後：

（一）見面前之種種　因人訪問，非易事也。初次欲見其人，常甚困難，著名人物，多極忙碌，無暇接見記者，亦有不願見其意見登布於報，因而不願接見訪員者。故投刺求見，常無効力，最好之法，爲請其素所親密之人，作書爲之先容，略述己之爲人，品學兼優，性情穩健，以免其或存不信任之心。同時自己亦以一簡單之函寄之，略稱久仰大名，以無緣接談爲憾，今承某某先生介紹，極爲欣慰，何時公暇，請卽示知，以便趨謁云云。常例因情面關係，必得回書，約時往談。此時訪員切不可遲去，甯去早而稍候，因遲去，恐其或託詞外出而不接見也。

訪問之前，訪員應預先計畫所欲知之事，善爲擬就問題分出先後，以便能引出所欲得之答案。若毫無準備，則人縱極願談話，或致談論不重要之事，而重要者反未提及也。

(二)見面後之種種　既見矣，引人談話，亦非易事，此中祕訣，爲切不可引起其不快之感，並設法增其對於己之信任。信任之後，自肯多談，否則所談，非爲不由衷之言，卽爲吞吐兩可之語。訪員切不可表示自己意見之與其相反者，以引起其不快之感。縱有表示之必要，只能以他人口氣出之。被訪問者，可分爲三種：一不願談話者，二甚願談話者，三無甚意見可發表者。訪員對之，應各有對待之方法。見第一種人時，訪員最好先談論其最近得意之事，以增其愉快之感，因世人多少終有一點虛榮心，亦此訪員應略知被訪問者個人之歷史之理由也。然後設法歸到所欲問之問題，使其人此時仍不願有所表示，則訪員宜申明己非以記者資格，乃以私人資格往談，隱秘之新聞，往往於此得之。如無秘密之必要，事後可說明理由，要求登布；如不允，可要求登布一部分；如再不允，可申明登布時不提出其名；如再不允，則惟有踐約而已。若用上述方法而仍不能得絲毫之表示，則訪員惟有提出一直捷了當之問題，詢其是否承認，以免毫無結果也。遇第二種人時，訪員可立時提出所欲問之問題。遇第三種人時，訪員宜以他人口氣，表示各種意見，以得其贊否之表示。

訪問既終，除有特別情形，與常見而相得者，可不論其能否發表外，否則應行問明，以示鄭重。答此問者，約有三種：一請斟酌爲之，二指定可發表之一部分，三囑編就後與之一閱，俟修正後再行發表。訪員對此應慨然允諾，不可使被訪問者有爲難處，致爲來日求見之障也。

臨別時，訪員除對于此次談話，表示極滿足之意外，可要求以後時常往見，如不蒙許可，可要求定期往見，如再不蒙許可，可要求以電話通詢，如倘不蒙應允，則不可勉強矣。倘承其允許以後可以往見，訪員既得此「預約券」，則以後往見時，僅投刺足矣。其人既允許於前，大抵因良心之節制，不致拒見於後。電話訪問，拒絕者甚少，因此本雙方有益之事也。在訪員可省往返之勞，及見面之周旋，而在被訪問者方面，因外面發生於己不利之謠言，常因問明，遂未登載，亦覺甚有益也。談話時，訪員不宜用隨記簿，立時筆記。因除少數人不因此而變動其談話之自由與自然外，大多數之人，一見訪員，手持該簿，立覺其談話非常重要，登布後將爲衆人討論之資，或竟小心而不肯多談，或竟中輟而不復言矣。

(三)所應記憶之點　製稿時，訪員以某事問，人以某事答，此種徑情直敍之法，已成死法矣。今法務在以談話中最精采之處，置之於前，然後再從頭細述，並其人之身材服飾，談話神氣，及居處情形，夾敍於問答言詞之間，使枯燥無謂之問對，成爲有興趣之新聞。故談話之前，及談話時，對於其人之身材服飾等事，訪員均應注意之。當其人談話時，訪員宜傾注全神，聆其所語者何，其持論何若，無須逐字逐句，一一強記。最要在得所談之精意與談者之情狀，必甚關緊要之語，警人之句，及恆引之口禪，始須牢憶原語。有關統計者，其數量亦宜牢憶也。

(四)求製稿之迅速　訪問時，不宜立時筆記，既如上所述矣。如是發生如何保留談話以待製稿之問題，欲解決之，除訪員當有強健之記憶力，能記所有重要語句之原文外，製稿亦貴乎迅速。故訪問之後，訪員應立找一地方，將原文寫出，然後從事製稿，以免時久漸忘之弊。若能於訪問之前，將原擬之問題，預先寫出，另留餘白，則訪問之後，祇須填寫答案，更可儉省時間矣。

第七節　因事訪問之例

上海某路，有一高大洋房，忽然失火，傷一人，某報得此略示後，卽派出一訪員，前往該處探訪。然訪員至該地時，已逾失愼之時，三四時矣。訪員此時所能見者，不過一堆灰燼瓦礫，幾個看熱鬧之人，及房屋原爲何種，並現燒至何度耳，其他非訪員所能見也。藉與看熱鬧者談話，或能知失火之原因，此房原作何用，及住者何人。旣知住者何人矣，卽往訪之，藉與之談話，大抵可知其所視爲失愼之原因，財產損失之數目，房東之姓名，及受傷者爲何人，現在某醫院。旣知受傷者現在某醫院矣，卽往訪該院醫生，叩其病狀。又可往訪其家族，詢其職業及家境，又可往訪房東以知房屋之價值，及保險費之數目。

訪員能會見住者及房東等誠幸矣，否則宜設法尋他人而問之。總之訪員採訪一事，時時發見引綫，須順此引線而深加追究，採訪到底，至已得其所欲得者，或確信無可再得之時爲止。若中途停止，或失去新聞中最重要之精采也。

第八節　因事訪問之法

因事與因人二種訪問所用之方法，大致相同。上所述因人訪問之方法，均可引用于因事訪問，其不同之處，僅有二點：

(一)因人訪問所訪問之人，乃由編輯指定，有時且設法爲之介紹。至因事訪問所訪問之人，大抵須訪員自行探知，且設法會見也。

(二)因事訪問之後，編輯之前，尙有一番斟酌的手續，爲人因訪問所無者。因人訪問，旣重在某人對於某事之表示矣。故無論其當否，又不論某人之談話，或全登，或僅錄其要點，訪員不能雜以己見，而謂爲某人之意見也。至因事訪問則重在事實，然訪員當新聞發生時，旣不在場，自然須依賴他人口傳之言。但口傳之言，因常人之觀察力與判斷力常不正確，遂每每彼此互異。訪員應評量各人之言，如法官之斷獄，決定何者並不實在，何者最爲切近。如有懷疑之處，最好設法多問數人以證明之。然後將視爲最切近者聯絡起來，以不偏不倚之精神，編一首尾貫串事情眞實之新聞以餉閱者。例如在上述某處失火之新聞中，訪員不能將各人之所告語者，先後全行登出。應先將衆人口傳之事實，仔細斟酌一番，如有不實不盡之處則删去之，有互相衝突之處，則調和之。有不相貫串之處則聯絡之，然後再行編製。故因事訪問所產之新聞，大半爲衆人談話之集合體也。

第九節　報告集會之法

報告各會開會情形之新聞，多係訪員親自採編者。有時亦由該會編就送來，如係後者，此時或全登或摘要，由編輯視其重要而定之。此外尙須爲其造題，然均與訪員無關也。訪員報告集會之情形，較訪問稍易，因會中之演說，訪員可自由筆記，以備登載，不似訪問時之既難見其人，尤難引其談話也。

訪員報告集會時，有應注意者如下：

(一)宜早到會場　訪員宜先到會場，佔一適宜之位置，近於主席及演說之地點，以便開會時聽得清楚，(如有新聞記者席，則此層自無問題)。且可利用開會前之機會，調查集會之原因，並演說人與會中重要人物之姓名，會場之佈置，如有特殊可記者，可於此時記之。又會場中如散布印刷品，或懸有重要文件，亦應於此時擇有新聞之價值者記之。如為無關重要之集會，亦可乘此時面見演說之人，叩其說辭之大要，或得其演稿，摘取要點，草為訪稿，不必飫聞既竟始為之也。或面晤會中主席，略叩大概，據其所告及分散之秩序單，而編集會之報告，不必待其散會也。

(二)演說不必全記　會中之演說，除特別重要者外，報紙每因篇幅有限，僅能登其要點。故訪員筆記演說，無須全錄。宜用心靜聽，將演說之精意，其中驚人之語，與演說人再三申明之點，及其常用之口禪，照原語錄下，歸而編爲報告，其他可不記也。如此所登報告中之演說，雖較原文縮短，而大意仍存在也。

(三)編製宜迅速　報告集會之情形，訪員雖能當時筆記，然所見所聞，未見能全記也。故仍宜迅速編製，以免或忘一二事實也。

(四)連環筆記法　如演說人爲極重要人物，其一字一句，均有登載之價値也，此時報紙，不能專賴一訪員，筆記其演說之全文，宜用連環筆記法，由一報館派數訪員，或數報館各派一訪員，以一人看時間，以數分鐘爲一次，其餘訪員，各得一號數。自第一號之訪員起，筆記第一次之演說，如五分鐘爲一次也，則其所記者爲第一次五分鐘之演說，第二號之訪員，接續筆記第二次五分鐘之演說。照此類推，至最末之訪員。如演語尙未完也，則復自第一號之訪員起，每人每次五分鐘，五分鐘之後，卽整理己所筆記者，遺者補入，誤者改正，謄出正稿，交與次號之訪員。此訪員將己稿整理後，即接上號訪員之正稿，謄出己之稿。如是演說完後，不久演說之全文，即可編就付印而發行，以餉未親聽演說，而又欲知其原文之人也。

如該會所預擬之宣言，或演說者所預擬之演稿，及似此之文件，能先期覓得，訪員可交社中，預先排好，如是一至適當之時，即可宣布。此稿之上，應清晰註明何日何時可以登布。例如某名人將於某日午後二時在某處演說，使訪員能於一二日前，覓得其演稿，應注明某日午後三時可以登布，交社中將其預先排就。結果為當日夕刊，即登有該名人演說之全文。此註明之時期，新聞社應嚴行遵守，不可先行登出，致令他人為難。若可登布之時期，尚未能確定，訪員可註明「留待登布，約在某日」。以後一經確定，立即報告社中。

第十節　電話採集之法

電話現已成採集新聞之利器，不獨訪員常可藉電話通詢以打聽消息，或證明各種略示（謠言亦包括在內）之確否，且可藉電話以報告重要新聞之略示於編輯，以便其能立時派出其他訪員，分途探聽。且當訪員無暇回社報告新聞時，彼可藉電話口授其於腦筋中所已編就之新聞於社中之閱稿人，由其筆錄交於編輯，又編輯亦可用電話通知訪員，令其特別採訪之事。

第十一節　發展新聞之法

重要之新聞，常引起多數閱者非常之注意，以致新聞紙當時所能供給之事實，嫌其太少，不足以滿足閱者之要求。彼時編輯可蒐集與主要事實有關係之各種材料，（如訪問與主要事實有關之人，或訪問與同樣事實有關之人，或敍述從前所經過之同樣事實，或將其與從前所經過之同樣事實相比較。並將所得之結果，編爲紀事，附登於後，此發展新聞之第一種方法也。例如前當航行大西洋之大商輪，名 Titanic 者，一次自美開往英倫，滿載美人及其貨物，忽撞於冰山之上，致被撞沉之消息，傳到紐約時，閱者均極注意。大新聞社遂覺其所能供給之事實過少，不足以應閱者之要求，如是遂紀載昔時所經過之同樣沉船之事，並編世界大船撞沉之統計，訪問與沉船有關係之人，說明冰山與冰川，推測該船沉處之深度，敍述該船之內容。如是眞正之新聞雖少，而有此種種相關之紀事，庶足以滿足閱者貪多之要求，並助其明瞭此簡略新聞之實在的意義。

此外尙有一種發展新聞之方法，卽對于一事之他種新聞的可能，爲繼續之探聽，探聽當日因時間缺乏所尙未探聽之方面，或探聽登載後之新的發展是也。試述一例以明之，某日本城某小河中，發見一死屍，有傷痕，顯爲被人暗殺，後復被其投諸河中者。身着之衣服如此，面貌如彼，但尙無人能認識其人，當日所能視爲新聞而登之者僅此。然死者與殺人者究爲何人，暗殺之原因何在，均極可注意之新聞的可能也。訪員應繼續向各方面打聽，陸續將所得者編爲新聞，有時以後之所得者，反較以前所已登者，價値爲大。此所以訪員應每日於未去辦公之先，將各報仔細看過，視其中是否有可發展而又與本區有關者。

第十二節　特別新聞之採集

凡需專門智識及經驗以採集之新聞，曰特別新聞。歐美各國之大新聞社，對於此種新聞之採集，不責于普通之訪員而別請特別訪員以任之。例如其報中之商業一欄，登載金融貿易市況種種消息，既敏且詳，商業中之閱者，欲知股票之漲落，市價之升降，均可於此中採取消息。吾國報紙，雖亦附有商情一欄，然簡略遲滯，不能與之同日語矣。所以然者，卽因歐美各國之新聞紙，用特別之訪員，其專門之智識及經驗既深，故其採集之本領亦高。而吾國新聞紙，用以採集特別新聞者，仍爲普通訪員耳。

第十三節　訪員應守之金科玉律

訪員採編新聞時應守之事項，茲列舉于後：

（一）訪得新聞，訪得所有之新聞，切勿視謠言爲事實。

（二）如爲採訪重要之新聞，順每一引線而追究到底。

（三）新聞之有價值與否，當自爲裁奪，不當信談者之褒貶。

（四）敏速辦事，但勿亂忙。

（五）不可因求速而致粗心或不正確。

（六）切不可空手歸來，應設法訪得所被派採訪之事。

（七）有請勿登載某事者，宜答以最後之決定，權在編輯，不可輕許之。尤不可受賄，爲他人隱藏。

（八）應設法使自己熟悉城中各處，尤應熟悉本區內之各地方。

（九）本區內之各新聞來源，切不可一日不去。

（十）應與因職務而相接洽之人爲友，使其對於己之事業發生興味，而願助己採集新聞。

(十一)勿爽約，勿爲不能守之約。

(十二)訪問時，不可當面筆記。

(十三)在訪問之前，應確知己所欲得者爲何？

(十四)備一袖珍簿，記載各種新聞之略示。

(十五)除非某報所登之新聞，素來確實，切不可轉錄之。

(十六)廣告性質之新聞，不可登於新聞欄內。

第十四節　訪員之資格

訪員既兼採集與製稿二種職務於一身矣，欲求盡職，不可不具下列幾種重要之資格：

(一)敏捷　「光陰乃黃金」，此語在新聞事業中，最爲眞實。故訪員應能事事敏捷，以節省時間。熟知何處可以採得新聞，如何可以採得，並能立斷其價值，此採集上之敏捷也；採得後，無論事實之多寡，能不甚費思索，不起草稿，用簡明之文字，編成新聞，非惟不背事實，且詞能達意，此編輯上之敏捷也。

(二)勤勉　勤勉爲訪員成功至堅之一基礎，採訪新聞，本非易事，有時經許多之周折，而仍無所得。但訪員應順每一引線而追究到底，至得其所欲得者，或自信不能再有所得之時爲止。若半途而廢，空手歸來，是自認失敗也。總之，訪員應如軍中之兵卒，責任所在，無論何事，皆盡力以爲之。或如招攬保險之人，職務所在，絕不憚煩，雖對人低頭屈膝，而不以爲恥，只須精神上保其獨立不屈之概耳。吾國訪員，往往不去訪人，而待人訪問，且有高抬身價者，誠爲笑談。若在他國，則凡遇稍重要之事，必有訪員在座　一名人入境，訪員多迎候於船埠，否則麕集於旅社，以求得其談話。此種勤勉之態度，吾人亟應養成之。

(三)正確　新聞須爲事實，如非事實，則登布後，常足使個人或團體受不感受之痛苦，前已言之矣。故訪員應能對於各事，爲正確之觀察，復應能事事小心，不因忙碌而致人名住址及其他事實有弄錯之處。

（四）知人性　社會中各色之人，男也女也，老也少也，貴也賤也，富也貧也，訪員無一不與之接。故訪員應知人性，使人均樂與之爲友。交遊廣，採集新聞之障礙，減去一半矣。又應知人性，以免爲他人所欺，而不能辨則眞僞。

（五）有強健之記憶力　訪員於採集新聞之時，每不能立時筆記，如是求保留所採集者以待製稿之時，每不能不依賴記憶力。苟此力不強，誤記事實或忘記事實之一部，不便實甚。所以訪員應有強健之記憶力也。眞正訪員，鮮有身帶隨記簿者，僅帶數張小片之紙，以備記人名地名或數目之用足矣。然歸而記所採集者，能絲毫不爽。此種強健之記憶力，並非天生，乃用人力逐漸養成者也。

（六）有至廣或至深之智識　普通訪員所採編之新聞，非爲一方面的，純一的，乃爲各方面的，十分駁雜的。故非有各方面的智識，事事內行，觀察旣不能透澈，記載安望能明瞭。故其智識，雖不必深，但不可不廣也。至特別訪員之所採編者，旣爲一方面之新聞，（如商業特別訪員專採編商業新聞）則其智識雖不必廣，但對於此一方面之智識，則又不可不深也。至一事之爲新聞與否，其精采爲何，其價値何若等事，均應立能辨也。

第十五節　通信員與其通信法

新聞社多於外埠之重要地方，派有通信員，以採集該地新聞之爲其所注意者。通信員可概分爲三種：一曰普通通信員，卽僅專報告新聞者；二曰特派通信員，卽社中特別派往某地以調查特定之事件者，歐美各大新聞社前派往前敵調查歐戰情形者，卽屬此種，吾國尙有所謂「特約通信員」者，卽就事實而貫串以已見以成其通信者也。

通信員與訪員，同爲新聞社採編新聞之人，故前所述關於訪員者，大抵可引用於通信員。然通信員與訪員之間，亦有稍異之處。

（一）通信員之責任較訪員尤重訪員每日應探訪何事大抵有編輯爲之決定，如因人訪問也，新聞社往往爲之介紹，如報告集會也，新聞社往往爲之覓入場劵，故其進行尚易。若通信員則不然，雖有外埠編輯，遙爲指導，然大抵諸事概須自理，須自立一簿登記各種略示，某日應探訪何事，亦須自行決定。因人訪問時，大抵須自行設法介紹，報告集會時，須自覓入場劵。故報紙可有交遊不廣之訪員，不能有交游不廣之通信員也。

（二）材料須愼加選擇　通信員之所告報者，乃外埠新聞，然某地之事，在某地雖有新聞之價值，往往因時間與距離之關係，在他埠則價值大減或全失。故通信員對於通信之材料，須愼加選擇。第一須辨別某事是否爲純粹之本埠新聞，如其是也，除非其社中發行該地特版，則不能視爲通信之材料。如亦爲外埠人所注意，則又須決定其價值之大小，價值大者，可用電報報告，價值小者，則用書信報告。至報告之簡詳亦應視其價值之變化爲轉移，價值因時間與距離之關係而大減者，則報告宜簡，小減者，即可稍詳。此所以通信員對於新聞之價值，應有極正確之判斷力，並應能用最經濟之手段，縮短一事之紀載，而仍無礙於明瞭與翔實也。

爲減輕電費起見，通信員與其編輯間，常有一約定一特別電碼，以一字代替數字。然使通信員之電報報告，其編輯視爲無價值而不登載，則此報告之電費，終爲虛糜。故通信員遇有重要之新聞，例先發一簡短之詢問電，以請示於其編輯，在此電中，除註明其姓名及發電之時間外，並說出此新聞中最重要之事實，與擬用以編成通信之字數。編輯得此電後，即可將其中所說之重要事實，立時登布。如視該新聞之價值甚低，僅登此電中所說之事實已足，則可無須即發回電。通信員遂可毋庸再報告矣。編輯如視此新聞有將其詳情登載之價值，則宜即回電於通信員，告知應再編若干字之報告。通信員得此電後，應立發出一詳細之報告，其字數雖不必與編輯所電示之字數恰合，然不可相去過遠也。若爲意內新聞，通信員應事前用書函請示於其編輯，以省電費。

通信員發出報告，應力求敏捷，以便得早到社中。

通信員對於各方面，應公平無私，不可因個人之愛憎，而發出帶色彩之通信。(附註三)

第十六節　通信社之通信

新聞社如專視本社之訪員採集本埠之新聞，本社之通信員採集外埠之新聞，必致重要之新聞，常被遺漏，否則須多請訪員與通信員遍布各處。然此層卽最富之新聞社，亦難辦到，故新聞通信社之通信，各新聞社多利用之。使該通信社之信用素著，則可逕視其通信爲新聞而登布之。否則僅可視爲略示，先派本社之訪員或通信員，加以調查，然後方定其可否登布也。

第十七節　機關與私人之通信

新聞社收當到各機關，或私人報告消息之電話或來函，其中固少可逕視爲新聞，加以改編，即可登布者。然大多數可視爲略示，應立派訪員，加以調查。

（附註一）忽然發生之重要事情，乃編輯能否敏速組織其訪員而成有力之機關之者真的試驗。紐約某新聞社之編輯，名 Alexander Mc DStoddart 者，所述該社處置一九一〇年八月九日圖刺紐約市長之消息之方法，頗足說明編輯應如何安排，以便探得一重要事實之各方面，茲譯述於後。（原文見 What the City Editor does whena Gaynor is shot," the Independcnt, Aug, 25 910)

『當日九點三十分鐘，收到新聞通信社之通信一則如下：「市長Gaynor今晨在Hoboken之 The Kaiser Wilhelm Der Grosse 船上被刺，傳其已死」。此關於圖刺市長事之最初新聞也。編輯得此新聞後，立用電話，找尋其訪員，首派三人，赴 Hoboken 調查詳細情形。不久又接到通信社第二次之通信如下：「市長現已移至 Hoboken 之 St Mary 醫院」，如是編輯又立派一訪員前赴該醫院訪問醫生，並立時報告其結果。又派一訪員赴市長之宅中或別墅以訪問其夫人，因編輯知其夫人並未與市長同行也。旋復接得第三次之通信如下，「刺市長者，現已被逮，其名爲 James J Gallagher，現住三馬路四百四十號。」如是編輯吩咐一訪員曰：「速往該處，盡力之所能，訪得所有關於彼者，覓得其像片，查明其屬何政黨，有所得用電話告我，我或能令爾再調查他事也。」次又吩咐一訪員曰：「Gallagher，在 Hoboken 之警廳中，必受審問，速往該處。」次又接到第四次之通信如下：「Gallagher 原爲本城造船部中之打更者，至七月一日，方被開除。」微露其暗殺之動機。旋復接得派出打聽 Gallagher 歷史之訪員之報告，謂伊昔常寫怨望之信於位置在伊之上者，乃本城僱員中之甚不滿意者也。如是編輯又派出一訪員並吩咐曰，「Gallagher 乃一常寫信抗議之人，赴造船部及官吏委員會取得其所有之通信。」

復另派一訪員訪問代理市長名 John Purroy Mitchel 者。又派一人調查本城憲章關於因此種情形而令市長缺人之規定。又令一訪員在本社圖書室中，取出平日所留存關於市長一生之各種材料，爲之編一哀啓。此時有一曾用 Gallagher 之人，由電話告知，伊常做奇異不可思議之事。如是編輯特派一訪員，往彼人處，採訪更詳細之消息。

編輯的略示單上所記之各種略示，此時如後，每一均附註所派往採訪之人，(1)圖刺市長事之大體，(2)訪問 The Kaiser Wilhelm 船上之人，(3)在該船上之 Caynor，(4)Gallager 之爲人與其通信，(5)在 St Mary 醫院中之 Gaynor，(6)Gallager 之審理與其計畫，(7)市長之夫人及其家庭，(8)代理市長之 John Purroy Mltrchel，(9)市政公所，(10)憲章如何說法並訪問，(11)Gaynor 之哀啓，(12)Gallagher 所做之奇異不可思議之事。』

(附註二)　美國 Bleyer 教授曾將其所視爲之新聞來源及各來源所能供給新聞之種類，列爲一表。茲譯登於後，以便參攷。(見"NewsPaPer Writing and Editing," P 30)

(一)　警察所與其各區——犯法，逮捕，遇險，自殺，火警，遺失，暴死，及關於警廳組織方面之新聞。

（二）消防隊總處——火警，損失，及關於消防隊組織方面之新聞。

（三）驗死事務所——慘死，暴死，自殺，與暗殺。

（四）衞生局——死亡，傳染病，衞生報告，自來水情形。

（五）登錄局——財產之買賣，移轉，與抵押。

（六）市政廳——結婚執照。

（七）地方監獄——犯法，逮捕，與執行死刑。

（八）縣知事公署——任命，免職，與市政政策。

（九）刑庭——控訴，預審，與審理。

（十）民庭——起訴，答復，審理與判决。

（十一）遺產管理處——財產與遺囑。

（十二）破產判斷處——讓賣，失敗，接收人之任命債權者之集會，與財産之淸算。

（十三）房屋檢閱吏——修屋執照，改建執照，危險建築物之責罰，断火規則，與火方法。

（十四）公益委員會——價格案件之審理與判决，及管理規則。

（十五）建築公所——市政之改良。

（十六）航業公所——船之到岸與離岸，貨物，價格及航業新聞。

（十七）慈善總會——窮困，貧乏，與救濟。

（十八）商會與交易所——股票，產物，五金，牲口之時價，買賣，及新聞，

（十九）旅館——要人之來去，私人宴會及公晏。

（附註三）各新聞社對於其通信員，例發一種通信規則，除他事外，內述何種新聞可以報告，何者毋須報告，Chicago Tribune 告其通信員下列各事，毋須報告：

（一）火車中司機人等及毫不重要之人之死傷，除非在三人以上，或含有鉅額之財產損失，

不必報。

（二）瑣屑之變故，如因運用機械而指傷足斷之類，不必報。

（三）不關重要盜竊拐騙之事，不必報。

（四）常人病故，不必報。但遇聲聞一省或一國之人物故時，宜先通電社中一詢。

（五）通姦墮胎誘逃等事之與著名人物有關者，宜就法庭所已證實之事實而小心報告之。關於此等事之謠言，不必報。亂倫溺孩之事，亦不必報。

（六）尋常典禮及始業式或休業式，不必報。如有名人演說，宜先期函告社中，由其酌定應報與否。

（七）法庭中每日審問謀殺事件之證據，非經本社預囑，不必報。

（八）關於游戲事件之詳情，非先經本社許可，不必報。

（九）牧師之演說節略，非經本社預囑，不必報。

（十）縣立市場之記事，不必報。但省立市場劇場之情形，可簡單報告。

（十一）旅館開張及其他有廣告性質之消息，不必報。

（十二）演劇或其他游藝，不必報。然若在大城市舉行，而演者又為著名人物，或新劇第一次開幕，則可以報，惟須先得社中之許可。

（十三）祕密社會之進行，非經社中囑託，不必報。

（十四）學校開學之情形，除非得社中之命令，不必報。

（十五）農家收成之情形，非得社中之命令，不必報。若猝遭雨水霜害，有害田事，可先函詢本社。

（十六）結婚事，非經本社預先吩咐，不必報。若嫁娶二家為著名者，宜先期函告社中，以待後命。

（十七）尋常賠償損失之訴訟，不必報。

（十八）怪胎，不必報。

（十九）刑事罪，除非與名人有關，且得社中之命令，不必報。

又 Associated Press 與其通信員之通信規則中，謂下列新聞，可以報告。

（1）政治新聞之無私見黨見而其重要足以引起超過省界之一般的注意者，可以報。

（2）僅關一地之選舉報告，得本社命令後，可以報。

（3）公民大會，演說，宴會等事，經本社命令，則報之。

（4）鐵路上要員之黜陟，與社會有關者，則報之。

（5）鐵路新公司之組織，或舊公司之合併，與托拉斯或其他聯合商行之與設立，與鉅額之產業及資本並公衆之福利有關者，則報之；但須屏去廣告性質之語。

（6）營業失敗至三萬元以上者，又接收人之任命，皆報之。

（7）監守自盜至萬元以上者，則報之；如激起衆憤，則爲數雖較小，亦可報。

（8）同盟罷工，因而失業有二百人以上者，可以報。使因罷工而大產業受損，或交通阻礙，或發生擾亂情事，皆可詳報。

（9）劇烈之大風雨，因而發生人命財產之損失者，則報之。

（10）傷亡至二人以上，或損失鉅額之財產，皆可報。

（11）鐵路遇險，致財產損失在五萬元以上，或有人因而受創致死，則報之。至貨車常遭之變故，不必報。

（12）船舶之沉沒，觸礁，擱淺因而財產損失在萬元以上，或因而有死亡者，則報之。

（13）致財產損失在五萬元以上，或發生人命損失或他種變故之火災，可以報。保險之總值，亦可報。

（14）法庭如有要案，宜先詢問本社，由本社指示要節而後詳報之。有關鐵路公司或大商號或公衆福利之判決，均宜簡潔報告，尋常案件，不必報。

（15）謀殺事件，可簡約報告。如因謀殺而發生非常情形，或與有關係之人，其聲望不限於本地則可詳報之。

（16）盜竊至五千元以上者，可以報。

（17）罪犯絞决，可先期將罪案報告。

(18)　誘逃墮胎等事，不必報。如墮胎者係有名婦人且因此而物故，則可報。誘逃者如爲人所捕獲，而受羣衆之處置，亦可報。

(19)　游戲事情之爲全省或全國所注意者，應預行報告社中，以便社中得開示節略以爲其遵照報告之用。角力競技等事之僅爲一地所注意者，不必報。然若參與之人有傷亡，或其成績極佳又可以報。

第七章 新聞之編輯

第一節 編輯之根本義

訪員既採得新聞矣，其次手續，即爲編輯，以備登載之用。換言之，訪員應如何報告新聞於閱者乎？編輯之根本義有四：

（一）翔實 新聞紙者，社會之耳目也，而訪員與通信員者，又新聞紙之耳目也，故其責任甚重。編輯時，第一須心地開放，毫無成見，所述者僅爲事實，僅爲使其意義明瞭之所有事實，以供閱者之判斷，或作事之標準。切不可因一己之私見，將事實顚倒附會或爲之增減，致失事實之眞相。尤不可顯然夾入好惡贊斥之詞，以表其意見。蓋意新聞與意見，應絕對分離，新聞欄中，專登新聞，社論欄中，始發意見，彼此毫不相混。即欲於新聞欄中發表意見，亦應附註於新聞之後，以便辨別。此種辦法之優點有五：（一）意見得夾入新聞中，則訪員常以事實遷就意見，而輕視其供眞正新聞之天職，今二者分離，則此弊當可稍減。(二)意見夾入新聞中，腦筋簡單者必常誤視意見爲事實，因失其主張之自由，今二者分離，則無此弊矣。(三)意見與新聞，放在一處，則閱者常須於長篇紀載中，尋出短篇之事實，不便莫甚，今二者分離，則無此不便矣。(四)發表正確之意見，本爲難事。決非多數忙於採編新聞之訪員所優爲，故宜用分工之制，訪員專事採編新聞，而意見則別請專員撰著，于社論欄中發表之。(五)新聞欄中，專登眞正新聞，可增加社會對於此欄之信仰心。雖主張絕不相同之人，因此均可訂閱此報，以知世世及本埠之大事，此於新聞紙之銷路大有裨益者也。明乎此，則世俗之所謂『新聞政策』者，非打消不可矣。

新聞紙對於各事有所主張，或保守，或進取，或贊成，或反對，日日於其社論欄內，發表之，擁護之，乃正當之事也。『新聞政策』，如作此解，吾人對於新聞紙之主張，縱或有懷疑之處，然不能咎其有一定之主張也。換言之，

『新聞政策』之當存在，無可疑也。所可惜者，『新聞政策』並不作此解。彼在今日，有造謠與挾私的意味。政黨之機關報，爲達一時之政治目的起見，往往對於敵黨之領袖，造一篇大謠言，登之報上，以混亂一時之是非，反美其名曰，此『新聞政策』也。或每日於新聞欄內，爲輸灌不利於敵黨之感想於閱者腦中起見，將一原來五六行卽可登完之新聞，『特別放大』，成一篇淋漓痛快洋洋千言攻擊敵黨之大文章，亦美其名曰，此『新聞政策』也。就上列之五種優點觀之，此種明目張胆造謠挾私之『新聞政策』，絕無存在之餘地，不待煩言矣。

（二）明瞭　訪員編輯時，第二應力求意義明瞭，使閱者看時毫不費力，故最好使用白話，凡古奧難明之字，或意義晦澀之句，切不可用。爲此理由有三：（甲）閱者用以看報之時間，常甚短促，故看時求快，然此非文字明瞭不可。若須查閱字典，方能明白，不惟閱者無暇，亦多不願如此費事也。（乙）報紙應爲普及教育之工具，前已言之。然苟不明瞭，則普及終難實現。（丙）文字明瞭，則閱者必衆，此於報紙有益之事也。吾國報紙，至今尙鮮有對於新聞，加以標點符號者，此實爲不可解之事。因各種符號，均足以增進文字之瞭明而使閱者易於了解也。

(三)簡單　訪員編輯時，第三應用經濟之手段，以少數之字，記最充實之事實，使一字有一字之用處，枝葉之浮詞，重複之語句，均不宜有，即無甚價値之細情，亦不合於人，以免靡費閱者之時間，而空佔報紙之篇幅也。如是欲求訪稿之精，不能不求採訪之詳矣。

(四)材料適當之安排　報紙之閱者，可概分爲二類：第一類之人，優游多暇，每日將其所購之報紙，自首至尾，全看一遍；第二類之人則事情甚忙，每日僅能抽出少許工夫，展開報紙，掠觀一遍，見其所注意者讀之，餘則不顧。然其欲知世界之大事，則無異也。第一類之閱者，既有報癖，無論新聞如何編輯，不患其不看，然此類閱者究少。故訪員編輯時應注意，第二類之閱者。當力謀新聞能引起彼等之注意，使其亦不能不讀，且應其以最短時間而知世界大事之需要也。爲達此目的起見，訪員除應力求翔實，明瞭，簡單外，亦應將組成新聞之各事實，善爲安排。昔人編輯新聞時，係用文人作紀事文之體裁，由因到果，排列各事實，按其發生先後之次序，致往往居新聞之首者，爲瑣碎事實，而能引人注意與閱者所欲知之新聞精采反埋居新聞之末。又甚至用小說家之慣技，故意先敍無緊要之其事，將人人所最注意者，直至末尾方龍睛一點，破壁飛去，意將使閱者拍案叫奇也。殊不因此往往本爲第二類人所注意之新聞，僅終第一類之人讀之，新聞之價值，受損多矣。此弱點早爲美國新聞界發見，幾經改良，現已造成一種新聞之格式。卽于編輯時，不計各事實發生先後之次序，但計各事實之重要，將最引人注意之新聞精采，及用以說明所必需之各事實，首先敍述，然後再及詳細情形。（例如失火之紀事，除非其原因甚形特別外，則先述人命財產之失損，然後再詳失火之原因。）且按各事實之性如此則第二類之質，分爲段落，以免如長篇無段落者令人見之而生沉悶之感。常閱者，亦不能不注意矣。吾國訪員，仍多用舊法編製新聞，致新聞之精采，常被埋沒。卽長至數千言，亦不分段落，旣不能引人注意，而閱者欲知一事之綱要，又非全看不可，此所以閱者多嫌其沉悶也。最可憐者，爲一種報紙，對於新聞，毫不加以組織。同一新聞，因數通信社均有報告，遂不計重複而均列載之，而不知將各報告合成一新聞。有時數種新聞，雖彼此顯有至深之關係，因非得自一通信社也，遂分別登出，聽閱者自行看出其相互之關係，不知聯合之而編成一新聞。其不便於閱者，自不待言，而本身亦於無形之中，變成各通信之機械矣。

第二節　新聞之格式

新聞之格式　乃分新聞爲撮要與詳記二部。新聞之第一段，曰撮要，其次諸段，曰詳記。

新聞之撮要，以新聞之精采及數問題之簡單答案組成之。每一新聞，必有其精采，否則不成爲新聞，而精采爲引人對於一新聞注意之物，前已言之矣。故訪員應能於種種事實中，認出孰爲精采，而首先述之。精采之外，尙有數問題，爲說明其意義及其與詳記之關係所必須。故訪員應同時答復之。但不必詳答也，因新聞之詳記，卽此數問題之詳細答案耳。總之，訪員編輯新聞時，應於第一段中首述精采，次簡單答覆數問題，以不失明瞭爲度，而成所謂新聞之撮要。設因文法關係，新聞之精采，不克置於簡單答案之前，只能放於答案之間，則可用較大之字印刷，以表出之。

至應簡單答覆之問題，不出下所列之六種；卽何事？何地？何時？何人？爲何？及如何？是也。

如前者楚材在漢口附近撞沉江寬之新聞中，其精采自爲數百人之同時遇難，故訪員編輯時，應於撮要內，首先提出之。然爲使其明瞭起見，必須同時簡單報告，因爲楚材撞沉江寬，係於某地撞沉，撞沉重要遇難之人爲某某，及對於遇難者與遇險未死者之如何善後之辦法也。

此六問題，非必須全答。其中如有無關重要者則可不必答覆。至其先後，並無一定之次序，因六問題比較之重要，至不一定也。有時新聞之精采，即爲此六問題中答案之一。例如在前所引之『黃陂潛心佛學』之一段新聞中，其精采爲何人之答案，卽黃陂是也。

撮要之後，卽爲詳記。新聞中之種種事實，訪員可按其比較上之重要，先後於詳記中細述之。至詳記之長短，當視新聞價值之高低定之。價值高之新聞，詳記可長，價值低之新聞，詳記宜短。遇過低時，詳記可完全不有。詳記宜分段落，重要之事實述於前，次要之事實居於後，此不僅足免閱者見長篇時之沉悶，且於閱者及排版均甚便利也，試分別說明於後：

（一）便於閱者　撮要之中除新聞精采外，尚有數問題之簡單答案。如是縱無詳記，撮要可獨立成一簡短明瞭之新聞。少暇之閱者，只看各新聞之撮要，即可於最短時間內，知世界現時大事之綱要。不看詳記，於事無礙也。然如對於某事特別注意，欲知其細情形也，則有已分段落之詳記在，閱者完全看過也可，僅看一段也可。此于閱者甚便利之處也。

(二)便於排版　新聞如按新聞之格式編輯，而詳記又復分段，則遇新聞衆多時，或遇報已排版，忽有二三欄之要聞，突然而至時，不妨删去數新聞的詳記之一段或全部以便版可排正，且將新至之新聞，全行排入。此不愈於將一件或數件新聞全行割棄乎？然使新聞按舊法編輯而不分段，則非割棄不可也。

第三節　關于訪稿應注意之點

關於訪稿，除其記載應確實，文字應簡明，並應採用新聞格式外，尙有應注意者於後：

(一)稿紙無論如何，不宜二面並書，即使書至一頁之末，只餘十餘字無地可容，亦宜另易一紙。因訪稿付印時，爲便分付數排字工人以排之起見，常被析爲若干段，若二而並書，所起之紛亂將如何乎？

(二)訪稿之字，宜極清楚。因手民縱知書識字，然對於模糊之字，有時或不免誤認。使因此而致訪稿意義難明，或甚至不通，或可作他解，其不便爲何如？

(三)兩行字之中間，應留空白，便修改之用。稿紙之左右上下，亦應留空白，以便黏合之用。在撮要之前，尤應多留空　，以便閱稿人塡寫題目之用。

(四)訪稿如有數頁，應編號爲記，每頁之上，應書訪員姓名。

(五)訪稿如已完，應書一『完』字，如未完，應書『未完』二字。

第四節　新舊編輯法實際之比較

京滬各報，一次曾登「交通運輸會議開幕」之一段新聞，其原文見後，可用之以說明舊法編輯新聞之弱點：

□交通運輸會議開幕

六月二十四日交通部開第一次運輸會議假鐵路協會爲會場會員到者五十二人來賓及部員旁聽者四十餘人於午後二時振鈴開會首由主席路政司長關賡麟君致開會詞略謂運輸會議自去歲十月間頒布章程即已著手辦理今茲之舉實幾經籌畫始見施行會議要素厥惟二端一爲議案二爲會員議案貴乎能行此次交通部及各路提出各案均應辦之件而又籌有辦法非空言悅聽之比一經討論必能見諸施行各議案大都重要或表面似乎平常而關係却甚大莫非多年未能解決之問題設能全數得有解決固佳即或十得一二本會議之功已不可沒至會員有特色二一肯負責任二夙知甘苦蓋各會員均係鐵路上重要人員經驗有素所議提案議決之後須負履行之責尤不容不盡心討論其盼望之切殆如醫者望病人之痊而辯護之熱心又如律師爲被告人爭辯者此由於平日所受痛口既多故言之親切從前本部主持盡一各路尙多異同近日則非但華員以宜統一爲言即洋員亦多感不統一之苦而向部陳議可知鐵路運輸統一之時機已經成熟吾輩同人固富於各議案力求正當之解決以副總次長之期望尤當犧牲其本路之私見與平日之成見爲良心之觀察云云是日曹總長因事未能到會委參事陸夢

熊君代表致訓詞大致謂運輸爲鐵路命脈各國運輸多已完備尙常集內外職員切實討論交換意見故能泛應曲當吾國鐵路數設時各不相謀近年運輸事務輸繁聯運客貨正宜力求統一運輸會議必不可少本會係在路職員與鐵路運輸有關係者之綜合會議坐言卽可實行無一毫間隔當各本其學識精密討論其議決之案卽當依次籌辦又須聯合一案互相商榷舉從前錯見歧出之弊一掃而空之云云　當由衆會員公推陳國華君將總長訓詞譯爲英文宣讀一過次爲葉次長訓詞　大致謂鐵路之在吾國位置年有不同近年以來所佔位置且益重要因近來種種原因故今一般人皆能知其重要而對於鐵路上之要求責備亦因此而加多我輩身歷其境必須盡其責任但非一手一足所能奏効應如何改良整頓自應研究諸君久任路事對於整頓路務自然胸有成竹但恐部局隔閡故凡事有文牘往來不能辦到而當面商量可以辦到者故有此次會議之舉然鄙人尙有鄭重聲明者此次運輸議案皆共同議案並非專爲一路而設務望諸君將議案閱後第一須研究其提案原因第二須認今日乃改良中國鐵路之機會須虛心研究辦法雖於一路或有損害之處亦不能不犧牲其有利益之舉亦不能不贊助萬不可囿於一隅致累全體至現定會期甚短萬一不能蕆事不妨延長又審查會另有時間可以從長討論且吾國鐵路位置與昔

不同其困難亦日甚一日同人等皆負責任之人務須盡力實行不可觀望萬不可因是非毀譽而有灰心總望坐言起行詳細討論倘能秉此一番精神作去自必有好結果也又言議案之中 最注意有運貨超員責任一案此係各商民盼望已久之事務宜從速議有辦法以副人望云云 後由劉會員景山用英文譯出次由會員公舉丁君士源代表全體致答詞云吾國路政開辦至今已歷四十餘載因有種種原因辦法未能一致故進步不速交通部成立以後力求統一方法開會討論如會計統一已獲實效 茲復招集運輸會議謀運輸事務之改良統一及進行辦法誠扼要之圖也今 員等忝供路職 自愧學識謭陋無裨高深惟有仰體部長召集之盛意各盡愚誠以求運輸發達云云 嗣登台相繼演說有會員王局長景春來賓陸參事夢熊會員虞局長愚諸君時已五時乃振鈴散會隨茶點攝影而散並由主席宣告嗣後 每日下午二時至六時在會開議云

此段新聞，雖長千餘言，不但無撮要與詳記之分，且絕未分出段落，而加以標點符號。全篇事實，均按其發生先後之次序排列，致閱者須看過原文十一行，方知是日是曹總長應事未到會，委陸夢熊君代表致訓詞，須看過原文十六行，方知葉次長曾到會親致訓詞，須讀完全篇，方知當日所有經過之事。既難讀，復費時，若用新聞之格式改編之，且用符號則文與式應如後。

□交通部第一次運輸會議開幕

△爲謀運輸事務之統一

交通部第一次運輸會議，其目的在謀運輸事務之統一，已於本月二十四日假鐵路協會開幕矣。首由主席路政司司長關君賡麟致開會詞，次曹總長代表陸夢熊君與葉次長先後致訓詞，次由會員代表丁士源君致答詞，均以統一鐵路運輸爲當今之急務。又次會員數人，相繼演說，隨茶點攝影而散。

是日午後二時開會，到會者有會員五十二人，來賓及部員旁聽者四十餘人。曹總長因事未到，故委參事陸夢熊君代表，其訓詞由會員公推陳國華君譯爲英文。葉次長之訓詞，由會員公推劉景山君繙譯。會員演說者，爲王景春虞愚二局長。來賓演說者，爲陸夢熊君。此日僅舉行開會禮，嗣後每日下午二時至六時，將仍在鐵路協會開會，討論一切議案。

主席關司長之開會詞，『略謂運輸會議，自去年十月間，頒布章程，即已着手辦理。今茲之舉，實幾經籌畫，始見實行。會議要素，厥惟一端。一爲議案，二爲會員。議案貴乎能行，此次交通部及各路提出各案，均應辦之件，而又籌有辦法，非空言悅聽之比，一經討論，必能見諸施行，各議案大部重要，或表面似乎平常，而關係却甚大，莫非多年未能解决之問題。設能全數得解决，固佳，即或十得其一二，本會議之功已不可沒。至會員有特色二，一肯負責任，二夙知甘苦。蓋各會員均係鐵路上重要人員，經驗素有，所議各案，議決之後，須負履行之責，尤不容不盡心討論。其盼望之切，殆如醫者望病人之痊而辯護之熱心，又如律師爲被告人爭辯者。此由於平日所受痛苦既多，故言之親切。從前本部主持畫一，各路尙多異同。近日則非但華員以宜統一爲言，即洋員亦多感不統一之苦。而向部陳議。可知鐵路運輸統一之時機已經成熟，吾輩同人，固當於各議案力求正當之解决，以副總次長之期望，尤當犧牲其本路之私見，與平日之成見，爲良心之觀察云云。』

曹總長致訓詞，『略謂運輸爲鐵路命脈。各國運輸，多已完備，尙當集內外職員，切實討論，交換意見，故能泛應曲當。吾國鐵路敷設時，各不相謀。近年運輸事務日繁，聯運客貨，正宜力求統一，運輸會議，必不可少。本會議係在路職員與鐵路運輸之關係者之綜合，會員坐言卽可實行，無一毫間隔，當各本其學識，精密討論。其議決之案，卽當依次籌辦。又須聯合一氣，互相商榷，舉從前錯見岐出之弊，一掃而空云云。』

葉次長之訓詞，『略謂鐵路之在吾國，位置年有不同。近年以來，所佔位置，日益重要。因近來種種原因，故今一般人皆能知其重要，而對於鐵路上之要求責備，亦因此而加多。我躬身歷其境，必須盡其責任，但非一手一足所能奏效。應如何改良整頓，自應研究。諸君久任路事，對于整頓路務，自然胸有成竹。但恐部局隔閡，事常有文牘往來不能辦到，而當面商量可以辦到者，故有此次會議之舉。然鄙人尚有鄭重聲明者。此次運輸議案，皆共同議案，並非專爲一路而設。務望諸君將議案閱後，第一須研究其提案原因，第二須認今日乃改良中國鐵路之機會，須虛心研究辦法。雖于一路或有損害之處，亦不能不犧牲，其有利益之舉，亦不能不贊助。萬不可囿于一隅，致累全體。至現定會期甚短，萬一不能蔵事，不妨延 長。又審查會另有時間，可以從長討論。且吾國鐵路位置與昔不同，其困難亦日甚一日。同人等皆負責任之人。務須盡力實行，不可觀望。萬不可因是非毀譽而有灰心。總望坐言起行，詳細討論。倘能秉此一番精神作去，自必有好結果也。又言議案之中，最宜注意者，有運貨担負責任一案。此係各商民盼望已久之事。務宜從速議有辦法，以副人望云。」

會員代表丁君答詞。略謂吾國路政，開辦至今，已四十餘載。因有種種原因，辦法未能一致，故進步不速。交通部成立以後，力求統一方法，開會討論，如會計統一，已獲實效。玆復招集運輸會議，謀運輸事務之改良統一，及進行辦法誠扼要之圖也。會員等忝供路職，自愧學識謭陋，無裨高深。惟有仰體部長召集之盛意，各盡愚誠，以求運輸發達云云。

讀者試取改編者與原文相比較之，當能看出彼此之優劣，而覺新聞格式之亟宜採用矣。玆將改編者，說明如後：

此篇新聞，現分為二部，首段為撮要，餘為詳記。撮要之頭十字，為「交通部第一次運輸會議」，蜀其為新聞之精采也。交通部乃國中著名機构之一，運輸會議爲新穎之名目，而運輸之事，又與多數商人發生關係，亦研究鐵道運輸學者所注意。又在此新聞中無更足以引人注意之事，故「交通部第一次運輸會議」十字爲新聞之精采也。次十二字爲「其目的在謀運輸事務之統一」，因在此新聞內，六問題之中，以「爲何」開會較爲重要，故首先答覆之。其次「已於本月二十四日假鐵路協會開幕矣十六字，乃答覆何時何地何事之三問題。至「主席路政司司長關賡麟君」，「曹總長代表陸夢熊君」，「葉次長」，「會員代表丁士源君」等字，用以答何人之問題也。其餘「致開會詞」，「先後致訓詞」，「致答詞」，「相繼演説」，「隨卽茶點而散」等字，仍答何事之問題也。至諸人之演說，並無特殊之點，故不列舉，而以「均以統一鐵路運輸爲當今之急務」概括言之也。又會務之進行如何，此時尚談不到，故如何一問，未置答也。然有五問題之簡單答案與新聞之精采，撮要已可成一獨立簡短之新聞閱者讀之，卽可知會中之重要事實，雖不讀詳記也可。

至次要之事實，均編入詳記，共分五段，復加以符號，較原文明瞭多矣。又京中某報，近登「閣議決定燒燬存土」之新聞一則，其原文見後，編輯不甚得法，茲照新聞格式改編之如後：

■閣議決定燒燬存土（原文）

東海將重申烟禁之令已誌本月十八本報三日以來關于滬上存土之處置方法政府曾經密議數次至昨日閣議提出遂決定將所有存土盡行燒燬茲記其經過情形如下

▲最初之籌議　燒燬存土之議最初雖有此意但以收買經費過鉅從財政上之見地致遲疑而莫能決曾商之英國方面擬將運華之土原價購回前日之晚尙磋商此種辦法以某種關係卒未決定

▲燒燬之決心　前項辦法既未決定于是錢總理又往請命于東海計現在行燒燬則實際所損失者約一千四百餘萬金（某社報告似稍誤）東海言國家之名譽豈止值一千四百餘萬下一決心以他法彌補損失故卽以燒燬存土之案提于昨日閣議

▲閣議之經過　昨日閣議以此爲唯一要案閣員討論而後一致均無異議（曹汝霖等以賣土政

策得不償失早已拋棄其主張一旬前陸宗輿亦曾言不如燒燬）此議遂定並由外交總長即日以此案通告英國公使及其他外交團

▲外交界之欽佩　英公使朱爾典君接到我外交部之通告以爲中國得未曾有之決斷政策即日致處本國政府報告此事謂爲中政府莫大之榮名

▲禁烟令即下　禁烟命令其措詞大意亦通過於昨日之閣議已飭秘書廳擬稿兩三日內即行發表云

□閣議決定燒燬一千餘萬金之存土（改編者）

▲英公使謂此爲政府莫大之光榮

價值一千餘萬金滬上存土之燒燬。與禁烟令之再頒，內閣會議爲保全中國國家之名譽起見，已於昨日一致決定實行。並由外交部即日以此事通告各公使。英公使得通告後，即致電英國政府，報告一切，謂爲我國政府莫大之光榮。

▲閣議前之情形　燒燬存土與重申烟禁之議，政府最初雖有此意，但以收買存土耗費過

銀，從財政上着想，致遷延而未決。曾商之英國方面，擬將運華之土，原價購回。前晚尚磋商此種辦法，某種關係，卒未決定。於是錢總理往請命於東海。計現在苟實行燒燬，則實際所損失者，約一千四百餘萬余。東海言，國家之名譽，豈止此數，遂決定燒燬，以他法彌補損失。故錢總理卽以燒燬存土之案提出於昨日閣議。

▲閣議時之經過　昨日閣議以此爲唯一要案。閣員討論後，均無異議。（曹汝霖等以賣土政策，得不償失，早已拋棄其主張。一年前陸宗輿亦嘗言不如燒燬。）此議遂定。禁烟命令措詞之大意，承行通過，已飭祕書廳擬稿，兩三日內卽可發表。

此件新聞之原文，與改編之文，彼此之優劣，讀者當能看出。然二者所紀之事實，並無差別，所不同者，新聞格式之採用與否耳。前件新聞之改編，業已詳細說明，此件遂無說明之必要，故從略。

第八章　新聞之題目

新聞既編輯矣，其次手續，卽於新聞之前，加以題目，是曰造題，此事大抵由閱稿之人任之。在組織完備之新聞社，例有專人担任閱稿，在普通之新聞社，則由編輯自行担任。所以不使訪員任造題之事者，因訪員自爲之，不如閱稿人爲之之爲愈。其故有二：（一）訪稿經閱稿人校閱之後，恆有删改，面目一變。（二）造題非易事，必精於此者方能爲之。有人云，「造題之難難於做詩」。此言深可味也。

第一節　題目之目的

冠題目於新聞之前，目的有二：

（一）便利閱者　題目如編輯得法，應爲新聞之結晶，以少數簡明之字，敍述其中重要之事實，使閱者讀之，卽可知全世界大事之綱要，雖不讀新聞，亦無不可。此於無暇仔細看報而又欲知世界大事之人最爲便利。題目之形式與其所佔之地位，又均極易注目，此亦足以增進閱者看時之敏捷也。

（二）引人注意　一新聞之題目，因其形式與地位，易惹人注目，實不啻該新聞之廣告。使編輯得法，既可藉以引起閱者好奇之心，復可同時用以稍滿足其欲望，使其對於該新聞，不能不看。此所以在街市叫賣之晚報，多利用新聞題目以極大號之字登載之，或以各種顏色印出之，以增其叫賣之能力也。甚至有爲引人購買起見，遂致新聞雖甚確實，而於其題目中，則不惜犧牲事實，故意誇大其詞，言過其實者。此誠爲不正當之舉動，因題目應與普通廣告同，以事實爲根據，以誠實爲標準，不可允許新聞中所不能履行者也。

就上列二種目的觀之，可見題目與新聞同，閱稿人僅能以公平之精神，藉以紀述事實，切不可用以評論新聞，況題目如帶一種彩色，常足以在閱者腦經中，發生一種不自然之印象，至使其讀新聞時，無形中失其觀察之自由乎。至題目之不能用以塡塞篇幅，更不待說明。

第二節　題目之分類

新聞之題目，可概分爲二類，即尋常題目與特別題目是也。取我國報紙之新聞題目而詳細研究之，其尋常題目又可分爲三種，爲便於研究起見，即名之曰正題附題及分題。如例一，「海參威之大騷動」爲正題，「過激派之失敗」爲附題，至「捷克軍佔領後之情形」，與「捷克族之企圖」則爲分題。多數新聞，只有正題附題而無分題，如例二。又簡短之新聞，往往僅有正題，併附題而無之，如例三：

例

○海參威之大騷動

過激派之失敗

○捷克軍佔領後之情形（三日東京電）　捷克羅巴克軍已將海參威過激派本部電信局國立銀行市參事會市役所等佔

例一

領(下略)

○捷克族之企圖　捷克司羅巴克軍已佔領海參威勞兵會本部並設立西伯利亞政府(下略)

例二

▲宣統習武

馬年學習乘馬

清帝舊制皇帝本須習武宣統現年十三歲照例學習乘馬瑾太妃已派定乾清門侍衞都林爲教授一切操縱控御之術由該教授逐日訓練(下略)

例三

▲黑龍江亦派爭林代表

吉林省會派遣代表入京爭廢林礦借款合同尙無頭緒聞黑龍江省會亦推派梁聲德等爲代表入京陳情昨先有電來京要求當局接見矣

此等題目，本無成文之規定。然習慣上已有數事，可視爲通行之辦法：

(一)關於字之大小者　正題之字，常大於新聞之字，而附題及分題之字，則常與新聞之字相同。又正題之字，每較附題之字大，而與分題之字，則有時較大，有時相同，無一定之關係。

(二)關於字數者　正題與分題之字數，雖無一定，然鮮有過一行者。至於附題，則最無定式，有一行者，如例四：

例四

○鳥梁海內附之佳音

▲望政府注意圖之

例五

○閣議中之開闢商埠案

▲已承允爲開放六處

▲外勢從此遍內蒙

例六

○森林大借欵之進行
▲吉林督軍省長同意
▲介紹人爲陸宗輿
▲農商部仍在反對

例七

○中央選舉會投票詳情
▲第一部尚有四名未舉
▲第三部尚在激爭中
▲第六部未能舉行
▲餘皆已選出

例八

○時局要聞

▲吳佩孚之緩和　▲馮玉祥之勇進

▲閩局陡轉　▲李督憤電

▲小葉籌戰費　▲鐵路收現洋

例九

○醴陵浩刦

▲城中百姓

▲只有二十四人

附題有二行者，如上例五，有三行四行者，如上例六例七，尚有五行以上者，然不多見也。有行一有二句或二讀，而彼此相對者，如上例八。又有一句分作二行者，如上例九。至各行排列之法，有層層高者，如上例六，有層層低者，如上例七例八等，後者用時較多。總之，附題最活動，而較易於構造也。

至特別題目，可分爲四種：（一）爲包箱式題目，題目之四周，以粗線圍之，（二）爲顏色題目，以黑白二色以外之顏色，例如紅色，將題目印出。（三）爲旗幟式題目，以與小旗相同之篇幅，用極大之字登載題目於其中。此三種題目之用處，均在引起世人之特別注意，吾國新聞界似尚無用之者。（四）爲接目，乃當一件新聞未能於此版登完而於他版接續登出時，用以表示其關係者也。

第三節　造題時應注意之點

欲求所造之題目，能達其二種目的，造題時，應注意下列事項：

(一)在未造題目之前，應先將新聞中之重要事實，淸淸楚楚明明白白看出來。

(二)題目當以此重要事實爲根據，既不可張大其詞，亦不可加以評論。

(三)題目當根據於撮要中之事實，因如此則一新聞之詳記，雖因故概被削去未登，而其題目仍可無須改編。況一新聞中之重要事實，又大抵於其撮要述出耶？

（四）引人注意之新聞精采，應於正題中提出之，因正題之字，不僅大於新聞之字，且常大於附題與分題之字而又居於前，故佔極優越之地位也。

（五）正題之意思如已明瞭，且已盡述新聞中之重要事實也，則可無須另有附題或分題，否則可用二者，或二者之一，以補足其意思，或其所尚未提及者。例如在上例三中，使其正題，改爲「黑省會亦派爭林代表來京」，則可無須乎附題與分題矣。然在上例六中，即使正題改爲「吉督軍省長同意森林借款」，亦尚須「介紹人爲陸宗輿」及「農商部仍在反對」二附題，以補足之。因此二層，亦甚重要也。遇新聞甚長分爲數段時，每段之前，宜有一分題，以略示本段之內容。分題之字數，少有過一行者，而附題最無定式，故二者之中，以附題尤能盡補足之職務也。

（六）題目中切不可用含糊之字，因不惟使新聞之內容難明，且足減少其爲廣告之價值也。例如在例九中，與其言「浩刼」，何如直言僅餘廿四人。

例十

○楚材撞沉江寬案近聞

楚材撞沉江寬案業經海軍部組織法庭審訊迄未解決惟政府以江寬損失極重不無惻隱之心故有賠償之議而楚材艦長猶以賠償爲不當日前特請三律師擬稿呈遞內容且有理由四種（一）爲江寬年齡已老不撞亦有自沉之勢（下略）

又例十中，與其言近聞，何如改爲：

「江寬年老不撞將自沉
楚材艦長不服賠償
將以此爲一理由」

(七)新聞題目，與書名有別，書名僅略示書中之內容，至新聞題目，則須表示一定之動作，使人一望而確知其意義。此所以上例六之正題，應改爲「吉督軍省長同意森林借款」，上例七之正題，應改爲「醴陵百姓僅餘二十四人」也。

(八)新聞題目，不宜用發問式表出之，因按理新聞紙乃以供給新聞爲職務，不應登載未經證實之傳言也。

(九)應謹防毀人名譽之紀載，以免生出訴訟。例如當某甲僅被控謂曾殺某乙時，切不可因地位有限遂簡稱某甲殺某乙也。

第九章　新聞紙之社論

新聞紙之「社論」一欄，乃其正當發表對於時事之意見，以代表輿論或創造輿論之地也。此欄與新聞欄，應嚴分界限，前者發表意見，後者專登新聞。若混而爲一，則流弊甚多，前已說明，茲不贅述。

就吾國新聞界之現狀言之，撰述社論之人，常卽爲採編新聞之人。且社論多爲一人之見，故大抵署名發表。在歐美之大新聞社則不然，新聞門與社論門，大抵爲對待之機關，兩不相屬。社論門中，例有一總編輯，並有數編輯以佐之，每日開編輯會議一次，由總編輯主席，以新聞部所供給之新聞爲材料，而討論之，交換彼此之意見，決定本社對於各種重要時事應抱之態度。然後選定題目，指定某人擔任何題，各自按照編輯會議所議決之態度而編撰之發揮之。撰就後，交於總編輯，斟酌其是否可用，如有須修正之處，則修正之。

因其爲編輯部之公意。故發表時不署名。此種辦法，優點有三，一爲能收集思廣益之效，二爲不似署名時之有所忌憚，三一新聞社之意見，常較一記者之意見，易爲社會所重視。

發表意見，本爲易事，然求社論能代表或創造正當之輿論，則爲事甚難。必也編輯於撰著時，注意下列事項，方克臻此。

(一)以新聞爲材料　社論須以當日或昨日本報所登之新聞爲材料而討論之，此理甚明。例如訪員報告省議會爲與某種建築，特撥一款，此新聞也。社論編輯以此爲材料而討論本省能否添此擔任，某種建築是否必要，所撥之款項是否敷用，抑或有餘，此社論也。訪員與社論編輯職務上之分別，即在一則供給新聞，一則對於新聞加以批評耳。新聞既爲多數閱者所注意之最近事實，故詳言之，社論第一須以事實爲材料，第二須以多數閱者所注意之事實爲材料，第三須以最近之事實爲材料。由此可見彼於社論中因發牢騷而無端謾駡他人或以四書五經上之句子爲題而發揮講道德談仁義之空論者，或以類似「西學原出中國攷」「中國宜亟圖富強論」之題，而做極浮泛油滑之策論者，均屬不當，因其非以事實爲材料也。又彼因有所顧忌而置當面之問題，衆所注意之事實於不議不論者，亦爲不當。因有材料而不加以批評，以指導社會，是爲放棄天職也。至謂應以最近之事實爲材料，蓋指社論應及時發表耳。既不可延遲，亦不宜過早。因遲則往往於事無濟，例如政府有意與外國訂立喪失權利之合同時，新聞紙卽發表反對之議論，常足以喚起輿論，使政府不得不打消原意。設發表在合同已簽字之後，則挽救已不及矣。况先入爲主，仍爲極普通之現象耶？反之發表過早，主張今日所萬不能行之事，卽使持之有故，言之成理，至多不過引起紛擾，否則等於贅言耳。社論既以批評新聞爲事，故其結構，普通宜分爲三部，首先將此多數閱者所注意之最近事實，簡明敍出，以爲批評之基礎，次以種種理由而批評之，最後爲結論。

（二）有透闢之批評　社論須有透闢之批評，否則縱使所論之事實為現時羣衆所注意者，亦無甚價值。故編輯旣不可畏首畏尾，以模稜兩可之言來敷衍，亦不可以胡謅幾句不關痛癢之話來塘塞，（如「嗚呼不幸而言中」，「予日望之」，「偉哉……之言也」，「天眞欲苦吾民耶？不然，何其……之甚耶！」一類之論調）。至徒發憤激之言，悲觀之語，或僅求文字之工而實毫無主張者，亦均在「不可」之列也。然透闢之批評，不易發也。必也撰著者，學識廣博，於政治經濟社會諸學，研究有素，於本國及隣邦政治社會之歷史，及當代之情事，知之極熟。每遇一事，先深思力索以考求之，設身處地以審度之。然後其所撰之文，方可望有獨到之見解，原原本本，侃侃而談，不僅一事之表而已。故歐美新聞社近多歡迎大學畢業生，入社論門擔任編輯。愚亦深望吾國之畢業大學者，多置身新聞界，不讓斗方名士，無聊政客，與失學青年，盤據其間，而日以謾罵及無謂之社論，呈於吾人眼簾之前也。

(三)用簡明之文字　社論之文字，又須簡單明瞭。否則縱使以新聞爲材料，且有透澈之批評，亦難發生鉅大之影響。因求其影響之大，須先求其普及。然苟文字艱深，難於速讀，則閱者自少。若長篇大紙，則每日僅以少許工夫看報之閱者，將多因無暇而置之不看矣。若分數日登出，則閱者且多不愛看矣，遑云普及乎？故撰著時，編輯應用最經濟之手段，以少數淺明之字，發表極充實之意見，切不可用古奥難明之字，或許多學理上的術語，以自炫學問。尤不可「拖泥帶水」，以無謂空泛之語，虛佔篇幅，每一意思應爲一段，如此，閱者看時，方不費力，而可速讀。若意思甚多，可分日分別以新題發表之。不宜作爲一篇，分日登出。一日登出，則嫌冗長，故亦不當。

(四)抱正大之宗旨　社論之第四要素，爲宗旨正大，否則縱有所代表或創造，無非不健全之輿論耳。主持筆政者，應有潔白之胸懷，愛國之熱心，公平之性情聽良心之驅使，作誠懇之文章，爲衆請命，或示人以途，總以國利民福爲歸。雖有所觸忌，亦見義勇爲，當仁不讓。如是則其所撰之社論，自爲讀者所重視，政治因之改良，社會因之進步。若以此爲憑藉，擇一二要人而肆其攻擊，或行其奉迎，因以博官職賄，或受一人一派之指揮，發不問事實專偏袒一面之議論，是不明記者之責任者。其社論自不爲讀者所重視而無甚價值，因吾人雖能暫時愚弄多數之人，或始終愚弄少數之人，然不能始終愚弄全國之人也。

宗旨既甚正大，編輯應持研究之態度，歡迎反對者之言論，於通信欄中代爲發表。是者則承認之，非者則答辯之。遇有不能自信之時，應別請專家代撰社論，以指導社會。

第十章　新聞紙之廣告

新聞紙最要之收入，為廣告費，至其賣報所得，尚不足以收回其成本，此世所熟知者也。故一報廣告之多寡，實與之有莫大之關係。廣告多者，不獨經濟可以獨立，毋須受人之津貼，因之言論亦不受何方之縛束，且可擴充篇幅，增加材料，減輕報資，以擴廣其銷路。又廣告如登載得當，其為多數人所注意也，必不讓於新聞。故廣告加多，直接亦足推廣一報之銷路也。故為一報自身利益計，實有謀其廣告發達之必要。況廣告者，乃有力之商業媒介，新出物品之發賣，舊貨之減價出售，某物之優點何在，均可由此而傳達於全社會，既動世人欲購某物之心，又促原擬購某物者之實行。新公司亦可藉此而招足股本，舊公司可藉此而推廣營業。故其足以推廣商業，毫無疑義。又廣告者，人事之媒介也，例如有一公司欲請一經理而不能得其人，一人欲担任該經理而不能得其事之時，各登一廣告，二者各如其願矣。故爲發達商業計，便利人事計，一報又有謀發達其廣告之必要也。發達廣告之法，最要者有二，卽推廣銷路，與用有廣告智識之廣告員及廣告經理是也。

登廣告者，多覓銷路最廣之新聞紙登之，因其效力最大也。故銷路廣者廣告多，銷路狹者廣告少，而求一報廣告之發達，應先求其銷路之推廣也。推廣銷路，爲道多矣，後當詳言之。其一，則爲登載正當之廣告也。廣告者，與貨物有別，商人對於貨物，無論何人，凡願付相當之代價者，均可畀以售之。而新聞社對於廣告，則不可如是，當先審查其內容何如，若所說者爲實事，而又無礙於風紀，則可登出之。若爲賣春藥，治梅毒，名妓到京或種種騙錢之廣告，則雖人願出重資求其一登，亦當拒而不納。因登有礙風紀之廣告，足長社會之惡風，殊失提倡道德之職務；而登載虛僞騙人之廣告，又常使閱者因受欺而發生財產之損失。此損失縱使於法律上，不能向該新聞社索賠償，而就道德方面言之，該社實有賠償之義務。故一報常登不正當之廣告，必致廣告之信用掃地，因之其價值不堪問矣。最後結果，必爲廣告減少。因看報之人，注重廣告者，亦爲數不少。使有甲乙二報，內容相彷彿，然其於廣告也，甲則選擇審愼，非正當廣告不登，如是所登者，盡爲新書出版洋房招租某校招生等類之廣告，乙則良莠俱取，治梅毒賣假貨等類之廣告，亦爲登出，則甲之名譽自較乙大，而訂報者，亦必舍乙而就甲矣。即登廣告者，亦將因甲得社會之信任，舍乙而就甲矣。故一報拒絕不正當之廣告，雖似于營業有礙，而實無礙也。登載不正當之廣告，雖似營業有益，而實無益也。正當廣告中之最足以推廣一報之銷路者，爲分類廣告，即將幾種最普通之廣告，如遺失，待訪，招請，待請，招租，待租，新書出版，學校招生等，各爲一類，聚於一處登之。此種廣告，實乃小形之新聞。每一種類，均有一部分人，急欲取而讀之。故如取價甚廉，使其發達，則足以推廣一報之銷路，毫無疑義。因此美國新聞社中，間有對於此種廣告不收費者，卽收費者，所收亦甚廉。收費之法常如下，由社中多備聯單之小册，分送常登此種廣告之商人，每册預收減成之費若干，俾商人之有此小册者，可隨意於報中登小廣告，而不甚愛惜。

尙有一層，與廣告之發達有重大之關係者，卽廣告經理與廣告員之得人與否是也。廣告現已成專門技術，非泛泛者所能勝任，必請精於斯道者經理，方能謀其發達。夫商人以謀利爲目的者也，使廣告之刊登，能令其商業興隆，博得厚利，則必不惜資而登之。現時所以多不願登者，以其於商業無大補，徒爲奢侈品耳，然非廣告果無補於商業也，多因登者不知如何使其能易刺人目與令人不忘耳，否則鮮有不發生效力者也。求其易刺人目，則編者應知人者，以一己爲中心者也。與其告以某事某物之可以利人，不如告以可以利己之爲當。故編者心中，應常有貨物與顧客二者，並存其間，對於貨物之佳處，與顧客之利益，先有明瞭之見解。然後以平易簡明之文，將其一一記出，如店夥之語顧客然，原原本本，絕無張皇招搖之概。如是自能動閱者之興趣，而激其觀感也。若編者無一定之主意，僅開一貨物詳單，或徒以促人購物，道別家短處，及不關痛癢（如以「某某號廣告」爲題，下列「本號開設已若干年」，一類之千篇一律的話）之言，充塞篇幅，則與喋喋多言無異，徒滋人厭，雖用大字刊出，無益也。至求其令人不忘，則廣告之刊登，應繼而不輟。因世人強半善忘，昨日所見於報中者，今日或已不能復憶，惟堅持方能使其不忘。廣告之文與式，使積久不變，千日一例，則又與讀者之僅有數語刺刺不休無別，足滋閱者厭惡。故宜常以新者易舊者，不過新舊二者，亦應有相同之點，使人能認識其仍爲一事耳。上之所述，不過要點，然編撰廣告，需要專門智識，非多數商人所優爲，已可見矣。設經理廣告者得人，則可代商人編得當之廣告，並指導一切，使其貨品皆爲應時之物，而索值又較市價爲下。如是登出之廣告，必發生較大之効力，而使其獲利。商人見廣告有効，必願常登。從前視廣告爲奢侈品，或甚至視爲慈善事業之荒謬觀念，亦可從此打破，而知其爲商業中必不可無之物，猶輪船之無汽，則輪卽不能動也。廣告固多不招自來者，然有待於招攬者，亦爲數不少。使經理得人，必知招攬之方法，冬日則招攬冬貨之廣告，夏日則招攬夏貨之廣告。隨時留心，隨事注意，常能出新意，見商人所未見到者，急走而告之，爲之擬適宜之廣告，以備登載，如是則廣告自不患其寥落矣。

廣告可概分爲五種，卽尋常廣告，特別廣告，分類廣告，附圖廣告，與聯合廣告是也。由新聞社隨意安放於報紙之下面後面，或其他地位者，曰尋常廣告；指定特別之地位，如在一頁之前面，或在新聞之中間者，（彼時應放黑線於廣告之四圍，以免與新聞相混）曰特別廣告，插入圖畫於廣告文中者，曰附圖廣告；圖如優美，自足動人之心而生購買之意；又有一頁或二頁，附有寫眞之銅版，而爲一地之數公司銀行商號工場聯合而組成者，曰聯合廣告。其特色在雖爲廣告，然驟視之，則似爲一種記事也。至分類廣告，爲將幾種最普通之廣告，各爲一類，聚於一處登之，前已言之矣。此種廣告，例登於一定地位，以便閱者查時容易，其長大抵僅三數行也。

第十一章　新聞社之組織

新聞社者，一製造廠也。國人亦稱之曰報館，或曰報社。其原料固多，而必要者，爲墨，紙，與新聞。其產品卽每日所發刊之新聞紙。歐美之大新聞社，日必發刊數次，而每次頁數，至少必在二十餘版以上，有時竟多至四五十版。不惟世界各地最近之重要消息，羅列於一幅，且多有社論以批評之，又甚至有圖片以說明之。而其取價之低廉，與其繁複之程度，又極不相應。夫他種書籍之長僅數萬言者，常需數月而始告成，今新聞紙之字數，有時多至十萬言，反至多不過二十四小時，卽可發行。其神速何以如是耶？曰，此因新聞社組織之完備與其所用機械之便利耳，此章述新聞社之組織。至其所用之機械，俟於『新聞社之設備』一章中，再詳述之：

新聞社內部之組織，大抵分爲三部：（一）編輯部　採編新聞，撰著社論，及他種稿件如書評戲評等屬焉。（二）營業部　招登廣告，發售報紙，收發款項，及報務行政屬焉。（三）印刷部　印刷雕刻事宜屬焉。然因各社事務之發達有不同，因之其所用之人數與分工之精密，彼此鮮有一致者。大新聞社日刊數次，則用人甚多，分工亦甚精密。然彼此亦無完全相同者，若爲小新聞社，則用人少，一人須辦幾種之事，故無論何種組織之詳情，不能概括全體。下之所述，僅就歐美大新聞社言之，請讀者舉一反三可耳。

第一節　編輯部

新聞紙所登之材料，除廣告外，概由此部供給。因廣告以外之材料，非爲新聞，卽爲意見，故此部多僅分爲二門：（甲）新聞門，專司採編新聞之事。（乙）社論門，其職務爲以新聞門所得之新聞爲根據加以批評，發表對於時事之意見。兩門爲並立機關，彼此不受節制，不相侵越。若該社發行星期增刊，例於此部中增設「星期增刊」一門，專司編撰該增刊事宜。

社論門例有總編輯一人，並編輯數人，每日開編輯會議一次或數次，交換意見，決定對於重要時事之態度，然後擬出題目，指定各編輯，按照所決定之態度，分別編撰之。總編輯不必自著社論，不過評定各編輯所擬之稿，視其可否登載，遇有必要，加以修正潤色而已。其最要之職務，爲對於各事，爲仔細之觀察，精密之思考，提出其意見於編輯會議，以備討論。此門例有一人，司徵集及選登小說詩詞等稿之事。

新聞門大抵又按新聞之性質復分爲本埠新聞，外埠新聞，與特別新聞三股。每種新聞每日約佔篇幅若干，各報均有其自定之辦法。故每股每日所應供給新聞之數量，各報大抵有一種默定。

本埠新聞股，例有編輯一人，訪員閱稿員畫師及照像師各若干人。除訪員之職務爲採編新聞，前已詳言外，茲述其他各員之職務於後：

（甲）編輯　編輯除督率並指導訪員閱稿員，畫師及照像師外，尚有下列職務：(一)決定訪員之進退　(二)實行社中之政策　一新聞社之政策，不僅可於社論欄中發表之，且可利用新聞欄，以引社會對於某事之注意。例如在本社決定從事改良本城街道運動之事，本股編輯，可派訪員查明何處街道甚壞，並派照像師，將最壞之處拍照，又可派訪員往訪修路工程師，探聽修路之費，訪問本城當局，探聽其是否有修理之意若其無此意，探聽其理由，並訪問政黨領袖，詢其能否於下屆城議會中，提出修理街道之議案，總之，凡與改良本城街道有關之事，莫不派人探聽，每日所得之結果，分別編爲新聞而登布之。似此不獨可引起社會對於改良街道事之注意。並供以種種事實，以備其研究改良方法之用。(三)採集臨時發生之要聞　遇重大事件忽然發生時，編輯應能處之以鎮靜，立時決定應向何處採集，並派何人前往採集，以便能於最短時間，探得確實之消息。(四)創造新聞　編輯每日看國內各地及外國報紙時，如見有某地之事，爲本埠所應有而尚未有者，可派訪員往訪本埠之重要人物與機關徵求其意見，並搜羅關於此事之種種材料而登布之，此曰製造新聞。例如當編輯見某地報紙所登載關於該地孤兒院成績展覽會之新聞時，若本地尚無此種慈善之組織，編輯可卽派一訪員，往訪本埠熱心慈善事業之人，及熱心公益之機關，詢其願否爲本埠發起倡辦孤兒院，或担任該院經費之一部。同時並請本埠新聞股之編輯，電囑駐在有孤兒院之各地之通信員，報告該地孤兒院之歷史與現狀，並郵寄關於該院之種種攝影，以便登布之用。其目的在使本埠設立孤兒院事，因此而發動，而討論，而成立。不獨社會因此受益，且該編輯因此必增加很多之本埠新聞，並足爲該新聞社增加聲譽也。

（乙）閱稿員　在小新聞社，閱稿之事，係由編輯自任。但在大新聞社，則多請專員担任之，名曰閱稿員。其職務如後：本埠新聞在一報所佔之篇幅，非無限制，故訪員回社報告新聞時，編輯例指示何者應首先敍出並應用若干字敍出，以免訪員編過長之紀事，徒費時間。訪員編就後，交於編輯，彼掠觀後，交於閱稿員。如以爲仍須縮短爲若干字，指示閱稿員縮小之，如以爲有應行改正之處，則指示閱稿員修改之。彼時閱稿員應細心將稿看過，删其浮辭，改正其錯誤，去其瑣屑重複之處。遇有與上次報告或素日情形不同之點，則要求事實之證明。並使譏誹嘲笑足發生名譽訟訴之文字，不致夾入其中。修正後再於訪稿前所留之空白，將所擬之題目寫出，遇訪員不能回社須用電話報告，時亦係由閱稿員接電代爲編出，閱稿非易事也，因待閱之訪稿甚多，常不能從容從事也。

(丙)畫師及照像師　畫師及照像師，受編輯之指導，預備各種插畫及照片，以備登載以說明重要新聞之用。插畫中之難能而可貴者，當推滑稽諷刺畫。蓋此類圖畫，作之甚難，不僅作者識見須博，能洞矚一事之眞相，畫法須熟，能推陳出新，爲前無類似之畫，又須寓諷刺滑稽之意於畫中，能引起閱者之注意，且一目瞭然也。

外埠新聞股，例亦有編輯一人，及通信員閱稿員接電生各若干人。編輯職務，爲指導其通信員採編外埠之新聞，決定各通信社及通信員之通信是否可登，是否應縮小，而囑閱稿員照修改之，並辦理各地特版及通信員進退事宜。至通信員及閱稿員之職務，前已述及，茲不再贅。接電生接收各處發來之電信，並發出致各處之電。

特別新聞股，專採編特別之新聞，如游藝新聞，市場新聞，金融新聞，戲劇新聞等。每種新聞，有一有該種專門智識之人爲編輯。事簡者，自任採編之事，事繁者，則有訪員以助之。

發行星期增刊之新聞社，其編輯部中，除社論與新聞二門外，尚有星期增刊一門。此門例有一編輯，專辦此事，有訪員閱稿員若干人以助之。近二十餘年以來，美國甚行星期增刊，平日僅二三十版者，星期日則數倍之。其中所登之新聞，與平日較無甚增減，惟雜著廣告，較平日大增耳。七日中，記者以六日搜羅材料，大抵下星期之增刊，於事期一節從事採集校閱，甚有先將已校閱之一部分，預先刊就者。

第二節　營業部

此部均分爲三門：(甲)廣告門　不僅司理出售廣告事宜，且有招攬廣告之人，勸商家登載廣告，又有計畫廣告之人，爲商家編擬廣告。(乙)發行門　司理新聞紙之批發零售與預訂諸事。(丙)會計門　司理收付款項，保存銀錢，購買貨物等事。部中有一主任，總攬部務，每門有一經理，受其指揮，謀本門事務之發達。各經理之下，復有各助手。廣告經理，有廣告招攬人廣告計畫人等以佐之。發行經理，有寄報人派報人送報人及書記等以佐之。會計經理，有司帳人及書記等以佐之。此部之重要，在歐美新聞界中人視之，不亞於編輯部。因新聞紙如欲盡其應盡之職務也，須先謀經濟之獨立，而經濟之究能獨立與否，則大半繫於營業部之辦理若何也。故主任經理各職，各報多請有專門智識或經驗者任之。

第三部　印刷部

此部常分爲四門(甲)排字房　其中有剪稿人，於接到編輯部零碎送來之稿件後，卽將每稿，黏成一長張，復分爲相當之數段，每段由一排字人在排字機上排之以便縮短排字之時間。每段之上，注明爲某稿之第幾段，以便集合時，容易認出。復於一張紙上，注明某稿有若干段，以便交於排版人。排畢後，由排版人按照此紙上之記號，將各排字人所排之各段，按其次序列在一處，打一小樣。由校對二人取此與原稿相比較之，其法爲一持原稿將其背誦，一則看此小樣，遇有錯誤之處，卽加以應如何改正之符號。校對旣畢，由排字人照符號改正，再由校對校勘一遍，如改正無訛，則留俟總排版時，由排版人取此稿與他稿，依編輯部及廣告門之指示，各置於應置之處，合組成版，打一大樣觀之。如無更動之處，卽送鉛版房。(乙)鉛版房　先將原版送紙版房，令其平直，以半濕之雁皮紙，加之於上而壓之，使版上之字畫深刻入紙上，高者成凹，低者成凸，立時用機烘乾，送入澆版房，入鐵鑄之盤以熱至沸度之鉛，澆成鉛版。(丙)印刷房　鉛版成後然後送至此房付印，印時，用新式之輪轉機，每小時可印數萬張，且當報落下時，業已裁開摺好數好，即可發出。(　)雕刻房　有雕匠雕刻字畫，此部例有一主任，以督率該部之進行。

第四節　審理部

上列三部之外，紐約世界報社近復應事實上之需要，增立一審理部。其他大新聞社，亦將繼起而立此部，此吾人可預期者也。茲將該部設立之原因，與進行之方法，略述於後：

新聞紙如能盡其職也，其有益於人羣，此舉世所公認。然苟記載失實，無論其出於有意之造謠與播弄，抑出於無意之疎忽與傳訛，小之常足以使個人受莫大之損失與痛苦，大之足以貽毒社會，擾亂國家，此亦爲不能掩飾之事實也。在昔日新聞紙自視為萬無一失之時，雖明知何者錯誤，亦不肯慨然更正取消，自承其過，致有害者常有冤莫訴，惟有忍淚吞聲，自歎其不幸而已。聞美國波士頓有一逸事，某報一日登一新聞，謂某君病故，某君乃該地小有聲名之人，因之弔問者，絡繹而至，然某君固未死也。頗覺不勝煩擾，遂至該新聞社，請其更正。該社答曰，本報向無更正之例，惟足下之事，似不宜置之不問，無已者登一新聞，謂足下復生可乎？此事雖小，可見當日新聞社所持之態度。今則各新聞社，漸有覺悟前此態度之非是者，而覺悟最深者，當推紐約世界報社。彼於西歷一千九百十三年七月七日，設立一審理部 (Bureau of Accuracy and Fair Play)，當時宣布設立之目的，為「增進正確與公道，糾正粗心之處，並排除弊端與弄弊者。」該部以後對於通信員發出之通告，每必曰「紐約世界報社力求正確，力求對於看本報之人與其姓名見於本報之人，均極公道。」正確與公道，乃與新聞事業所萬不能分離者。一不正確，常致無辜之人，遭受損失。一新聞紙之勢力，乃藉讀彼並相信於彼之人數以定之。「正確與公道」總括毀謗律，若所登者，兼正確與公道而有之，編者毋庸慮及該律也。

該部設有主任一人，總攬部務，並設副主任二人，贊助其事。其一則每日翻閱各報，取其記載，互相比較，苟發見相爲矛盾之事，則必窮其究竟，至得其眞相乃止。其一則每日取社中校正後尙未付印之各種稿件，而精細檢閱之。苟發見不合法之文字，卽命編輯部更正，或沒收其原稿，務使次日新聞紙中，無與人以口實之處，不僅此也，無論何人對於所登之新聞，認爲全誤或稍誤者，該部甚歡迎其前來指出。指出之後，該部卽著手爲嚴密之調查，對於訪員與編輯，亦加以精細之審問。務使水落石出，苟錯誤果在該社，立卽爲之更正，並向指出之人表示其鄭重致謝之意，而對於社員之處分，則視其錯誤之輕重定之，不稍假借，至社員對於此部均有努力協助其進行之義務。

新聞社例有社長一人，對外代表本社，負完全責任，對內則決定社中之方針，監督各部之進行，解決各部之爭議，採用更有效率之辦法，預防訴訟之發生並維持社中之經濟。凡須大宗費用之事，在舉行之前，必須先得其許可。

第十二章　新聞社之設備

歐美各大新聞社之所以能每日製造其報紙非常神速者，除因其組織完善外，亦因其有事前之預備與使用最靈便之機器也。故設備亦爲一重要之問題，本章所述，僅及其重要者：

(一)完備之圖書室　圖書室之完備者，其中不僅存儲政治法律經濟外交之書籍，地理物產風俗歷史之圖書，卽一技一事之於書籍，國內外出版之雜誌，各種成案，各團體章程，亦編目而收存之。又剪取各新聞紙中所登關於各類之記事，分門別類而收存之，如是凡一問題發生，社論門之編述，有各種足資參考之材料近在社中，一檢可得先爲切實之研究，然後下筆編撰。因此其社論，必較切實矣。卽新聞門一旦欲調查一事，亦只須檢閱新聞剪片，立可得其所欲得者，而不勞翻閱浩如煙海之全部報紙。例如當外埠新聞股收到某地通信員該地地震之報告後，如以該報告過於簡單，不足滿閱者之要求，卽可派一人往圖書室，翻閱地震一類之剪片，將已往他種重要地震之事實，編成紀事附登於該報告之後，如是數十字之報告立變爲千餘言之新聞矣。該室對於著名人物之歷史與像片，例亦搜羅甚富，分號編列，且有將其歷史預編爲事略者。如是一內閣之更易，總理及閣員之事略與像片，可與內閣更易之消息，同時登載。一名人之死信傳來，其事略與豫片，亦可與其死信同時發表矣。

(二)寬敞之編輯室　各新聞社之編輯室，例甚寬敞，俾各編輯，及閱稿員訪員等，能同在一室辦公。同室辦公，較之分室辦公，實有優點。因分室辦公，則遇重大事變發生，極應迅速辦理時，必因須向各室一一報告，而致阻滯。且事多有與各部各門有關係者，用一人從中報告，不惟費時，且恐終不免有隔膜之處。今同室辦公，則遇有事情，通知商酌均極容易，既免報告之煩，又無阻閡之虞。如有一電話至，報告重要消息，聽者當衆宣讀一過，人人卽已知悉，設此時社論門之編輯，正撰社論，而此事適與所論者有關，卽可用之以立論，其便利爲何如。不過多人同在一處，喧雜必甚，非習於此者，往往不能辦事，然處之旣久，必又能安之若素矣。

(三)直達世界各處之電線　大新聞社，除裝設電話機多具外，並向電報局訂立合同，在該社中，特立分局，設有電線，可以直達世界各處，幾如人腦然，有通達全身各部之經神。如此傳遞消息，方能神速而無延擱之虞矣。New York Herald 近復於社中設立無線電台，以接收海外之無線電。

(四)靈便之機器　各社所用靈便機器之重要者，有如下列：(甲) LinotyPe 排字機，此機能每一分鐘排三十餘字，遠非人工所能及，且使每行字排就後，均鑄成一鐵塊，移動甚易，不似活字之易於散亂，如是是排版更加迅速矣。(乙)自動製銅版機，此機能於一分鐘內，將一頁報紙之紙模型，製成四塊銅版。如是該社如有數架輪轉機，卽可將每頁多製銅版，以便盡量使用各輪轉機。此所以在極短之時間，可以印成數萬份報紙也。(丙)輪轉機，新聞社自用輪轉以代替平台機以來，印刷之速力大增，最大之輪轉機，每小時內能印一十二版之報紙約十四萬四千份。並且使報紙落下時，業已剪好摺好數好，立可交於賣報人。(丁)郵寄機，此機能自將郵寄各地之報紙，摺好包好，並貼好上書收報者姓名住址之單，如是郵寄各地之報紙，又可神速矣。

第十三章　新聞紙之銷路

一報之銷路，與其生命大有關係。銷路廣者，勢力雄厚，廣告發達；銷路狹者，勢力薄弱，廣告不旺。因此各新聞社每用種種方法，以求推廣其銷路並維持之。方法中有當者，有不當者，不當者之尤，莫甚於登載誨淫小說及製造猥褻新聞以迎合社會之卑劣心理。吾國報紙中，甚至有每日印送一張娼優之圖片者，且登廣告曰「本報今日隨報附送名畫一張」，是眞爲不知恥者也。正當方法，有如下列：

(一)增進材料之品質與分量　使一報所登之材料，不惟品質精美，而且分量豐富爲各界人士所注意者，則舊訂者自願續訂，卽新訂者亦必源源而來，此事之當然者也。故就品質言，一報所登之新聞，應確爲多數閱者所注意之最近事實，所載之社論，應確爲對於時事所下之正當透闢之批評，所收之廣告，應確爲毫無欺騙性質之商業與人事的消息。就分量言，材料應極豐富，不限於一界，不拘於一地，凡各地人各界人所注意者，莫不有之。例如新聞，不僅爲本國的，政治的，對於外國的，社會的，商業的新聞，亦應詳爲記載。如是則銷路自廣矣。此所以歐美大新聞社，除力求品質精外，每次發刊必二十餘版也。吾國報紙，普通爲八版，篇幅本已過少，復多無價值之材料，故銷路極狹。欲改良之，除應删去無價值之材料，以節省篇幅，備登有價值的材料之用。如能再擴充篇幅，則尤善矣。

(二)減輕報資　報資重，則多有限於經濟，雖欲訂閱而不能者，報資輕，則需要廣，銷路定發達。此所以歐美大報之價目，不惟未因支出增加而加重報資，且反較昔日爲輕也。

(三)發送之敏捷　發送敏捷，使報紙能早到閱者手中，亦足以擴廣銷路，因他事相等，閱者自願訂閱每日早到之報紙也。至市中叫賣，亦以先賣者之銷路爲最多。

(四)發起改革運動　社會中如有應改革之事，最好由新聞社發起此改革之運動，不惟於社會有益，且足以引起社會對於其報之注意，而訂閱其報。

(五)設立問答欄　新聞報爲閱者之便利起見，能立一閱者問答欄，盡社員之所知爲其解決難題，或供以其所欲得之智識，如其良友然，最足增加閱者與該報之感情，故亦足發展其銷路也。

(六)記者個人之道德　記者個人之道德，與其報之銷路亦大有關係，使道德有瑕疵，例如受人賄賂，足以喪失社會對於該報之信念，而令其銷路大受影響也。

總之，欲求一報銷路之發達，全社社員，均應各盡所能，以謀本報之進善並增進閱者之便利也。

第十四章　通信社之組織

第一節　新聞通信社之組織

通信社中之功用最大者，當推新聞通信社，彼乃一種不出版之新聞紙，應事實上之需要而產生。因發行於城市之新聞紙，如對於各種新聞，概須自行採集，則必於本埠用訪員數十人，於世界各重要城市用通信員多人，方能以各地重要之新聞，供給閱者，而無遺漏之虞，但此非易事，無鉅額之支出不爲功。而此鉅額之支出，卽最富之新聞社亦難担任。自有新聞通信社以同樣之新聞，供給各報，而分其分担採編之費，此種難關解矣。各新聞社既可得各地重要之新聞，而經濟上之担負又不甚重，所受便利，誠非淺鮮。惟新聞社大抵各有其特別注意之事與地，故近年來，雖新聞通信社組織，日益完備，所供給之新聞，日益豐富，而各新聞社仍不能不自有訪員與通信員，不過無須多聘耳。新聞通信社有僅供給本埠新聞者，然鉅大之新聞通信社如路透社等，則均以世界各地之新聞供給各報者也。就其組織之辦法言之，新聞通信社可分爲商業的互助的二種，前者乃私人之組織，其目的在營利，任何報紙，凡願付一定之代價者，均供以新聞，路透社卽此類通信社中之最完備者也。至互助的通信社乃各新聞社爲公同利便起見，自行聯合而組織者，各社員以各自所採集之新聞，報告社中，並由社中供以他社員所報告之新聞，社中費用由社員分擔凡非社員者，概不供以新聞，美人所辦之聯合通信社 Associaled Press 卽此種通信社中之規模最大者也。茲述聯合通信社，進行之方法於後，以見一斑：

一千八百四十八年，紐約數新聞社，爲謀彼此採集本埠新聞之便利起見，組織一聯合通信社。後範圍日益擴大，迨至今日社員有九百餘家之多，而全世界之新聞，均爲其通信之材料。該社純粹爲互助的事業，所有社中經費，由社員公攤之。其職務有三：（一）交換新聞　每一社員有將其所得之本埠新聞報告於社中之義務，同時有自社中得他社員所報告之他埠新聞之權利，所有媒介之責，該社任之。(二)採集新聞　凡該社無社員或社員不足之地，則自請通信員採集其地之新聞，爲各社員之用。(三)購買新聞　他通信社所得之重要消息，由社中購買，報告於各社員。

該社將美國全國劃分爲數區，每區復分爲數分區，每區之中，有一區事務所，每分區有一分區事務所。紐約之區事務所，曰總事務所，各事務所有電線相聯，雖範圍有大小之殊，而所司之職務則一。例如紐約總事務所，收到紐約社員所報告之紐約新聞後，即斟酌情形，電致他區事務所，及本區內之各分區事務所。有時用紐約社員報告之原文，有時因新聞價值之變化，删去次要之事實，而改編之。大抵發出之電，以改編者爲最多，而致距紐約甚遠之區事務所之電多極簡略也。又該總事務所收到他區事務所之報告後，亦如上法辦理，斟酌情形，電致本區內各分區事務所也。

第二節　他種通信社之組織

此外尙有所謂傳記通信社，圖片通信社，小說通信社者。傳記通信社，專以供給要人之略傳像片於各報爲事，各報多購之，存於圖書室，以待後用。至圖片通信社，則以其通信員在各處所攝有新聞價値之圖片供於各報爲事。上次歐戰時，各新聞社所登關於戰事之圖片，多得自此種通信社。至小說通信社，則專以小說及諧談供給各報者也，彼等之功用，與新聞通信社同，均爲以同一材料供給各報，而令其分担一部分之費用，以免各報因登該種材料，而感受經濟上之困難也。

舊序

一

北京大學於去年新設新聞學研究會，請文科教授徐伯軒先生爲主任，先生草新聞學一編，一年以來，凡四易其稿而後定，並徵序於余。

余惟新聞者，史之流裔耳。古之人君，左史記言，右史記事，非猶今之新聞中記某某之談話若行動乎？「不修春秋」，錄各國報告，非猶今新聞中有專電通信若譯件乎？由是觀之，雖謂新聞之內容，無異於史可也。然則我國固早有史學矣，何需乎特別之新聞學。

雖然，新聞之與史又有異點：兩者雖同記已往之事，史所記不嫌其舊，而新聞所記則愈新愈善，其異一；作史者可窮年累月以成之，而新聞則成於俄頃，其異二；史者純粹著述之業，而新聞則有營業性質，其異三；是以我國雖有史學，而不足以包新聞學。

凡學之起，常在其對象特別發展以後，烹飪裁縫運輸建築之學舊矣，積久而始有理化；樹藝畜牧之業舊矣，積久而始有生物學農學；思想辯論信仰之事舊矣，積久而始有心理論理宗教諸學；音樂圖畫雕刻之術舊矣，積久而始有美學。以此例推則我國新聞之發起，（昔之邸報與新聞性質不同）不過數十年，至今日而始有新聞學之端倪，未爲晚也。

新聞事業，在歐美各國，均已非常發展，而尤以北美合衆國爲盛。自美國新聞家 Joseph Pulitzer 君創設新聞學校於哥倫比亞大學，而各大學之特設新聞科者，亦所在多有，新聞學之取資，以美爲最便矣。伯軒先生游學北美時，對於茲學，至有興會。歸國以來，亦頗究心於本國之新聞事業，今根據往日所得之學理，而證以近今所見之事實，參稽互證，爲此「新聞學」一編，在我國新聞界實爲「破天荒」之作。甚願先生與新聞學研究會諸君，更爲宏深之研究，使茲會發展而成爲大學專科，則其裨益於我國新聞界，寧有涯涘歟。

民國八年十一月十七日蔡元培序

二

嗚呼，嚮吾人當天地晦冥，風霾晝塞，山河失序，而沉星隕氣於窮荒大漠之野，猶能時出其光焰，以爲有目者之悲喜而幸覩，雖其擠抑於一時，然要以竣之異日，雖欲使之終晦焉而不可得者，孰綱維是？曰文字，曰民意。揚子曰，「言，心聲也；書，心畫也。」文字以言論爲歸宿，言論卽隨文字以附麗，是文與言，果無二致矣。盧梭有言，國家者，人民同意所約成之社會也，旣不能有脫離國家之社會，同時不能有遏抑民意之國家，果國家而遏抑民意者，其社會卽得有藉輿論之力，文字之靈，規諷而匡正之，以無僻民意爲究竟。是故不出戶牖，盡知天下所苦樂，此新聞事業之所權輿也。大抵文字記載，出於無容心則其情眞，又必各有其所爲，故其義實。情眞義實，則政治良窳賴以亭毒，風俗厚薄賴以轉移。卽匹夫匹婦之街談巷議，亦可以覘興廢，察治忽焉。否則昧其本旨，貿貿然操筆政，彼旣以文自命，人亦以文相屬，於是外物爲主而文役焉。以文役心，則心非其心，特牽於文耳。人於是無眞意義，事於是無眞是非，以外物役文，則作如不作，特緣於外耳。理於是無眞曲直，世於是無眞輿論。然而情實彌隱，詞采彌工，義理彌消，波瀾彌富，而又金錢以縻之，派別以嚴之，時勢以操縱之，回視新聞事業之本來，其然，其不然乎？他若文人學士，敝精勞神，期以鼓吹風雅，反或無當於得失，更無論矣。徐伯軒先生，淵雅篤實，藝事多能，鑒於輓近言論界之龐雜，慨新聞事業或因是而墮落，爰組織新聞學研究會，並兼其平日學識經驗，編輯『新聞學』以詔來學，意甚盛，誼至美也。遠道書來，問序於余。余於斯不求甚解，而竊好反尋其本，以爲非學養有素之熱心志士，鼓其百折不撓之氣，又從而集思廣益，護惜萌芽，防範流弊，審愼結搆，不能得良好之結果。稍一不愼，啓破壞之端，流不可收拾之禍，其負罪於天下後世者爲何如？毋甯相與緘默，而貽此大任於來哲之爲苟安旦夕也。重可知新聞事業，果非當時富貴利達不能爲文字者之可籠罩鈎致之者也。昌黎云，「無慕乎速成，無誘乎勢利。」旨哉言乎。

民國七年八月宜黃符鼎升序。

三

自蔡孑民先生任北京大學校長以來，各種學科，漸臻完備，又注意於臨時講演，以補教科所未及。余業新聞記者，竊歎我國新聞界人才之寥落，良由無人以新聞爲一學科而研究之者。試觀歐美及日本近年以來，新聞之學，與日俱進，專門著述，充棟汗牛，其新聞事業之發達，亦卽學術進步之效果耳。去年之春，蔡校長有增設新聞講演會之計畫，余乃致書以促其成。此得蔡先生覆書，極承獎假，斯會遂於暑假以後成立，請教授徐伯軒先生主任其事。蔡先生復以余從事新聞記者有年，並函聘爲導師，自惟於新聞之學，素乏研究，而以蔡先生之所期許，於理又不敢辭，遂與伯軒先生分任演講。區區之意，欲爲未來之新聞界開一生面，而是書卽徐先生因演講新聞學而編著也。今徐先生復允以是公之於世，故爲述其槪略如此。是爲序

民國八年四月飄萍邵振青序。

四

新聞學乃近世青年學問之一種，尙在發育時期，余對於斯學，雖曾稍事涉獵，然並無系統之研究。客歲蔡校長設立新聞學研究會，命余主任其事，並兼任導師，余乃於暑假中，正式加以研究，就所得著「新聞學大意」一編，以爲開

會後講演之用。（此稿曾登客歲九月十月十一月三月份發刊之東方雜誌）開會後，余繼續研究，加以會員之質疑問難，時有心得，遂將原稿加以修正，成第二次之稿。（散見於客歲秋間之北京大學日刊）。今年暑假前，復修正一次，爲第三次之稿，曾登於第六第七第八等號之新中國，此則第四次之稿也。

本書所言，取材於西籍者不少，然西籍中亦無完善之書，或爲歷史之紀述，成爲一方之研究，至能令人讀之而窺全豹者，尚未一見也。本書仍不完備，然對於新聞學之重要問題，則皆爲有系統之說明，而討論新聞紙之性質與其職務，及新聞之定義與其價值，自信所言，頗多爲西方學者所未言及者。至其他尚未討論之問題當續行研究，俟再版時再爲補足也。

吾國之報紙，現多徘徊歧路，即已入迷途者，亦復不少。此書發刊之意，希望能導其向正當之方向而行，爲新聞界開一新生面，至此書不當之處，自所不免，余甚希望高明者有以教之。

蔡校長對於斯學，熱心提倡，余極感之，此書全稿，又蒙其親自校閱一遍，尤令人深感。而會員諸君之質疑問難，亦有足啓發余者，均附記於此，以誌謝意。

民國八年十一月十四日徐寶璜自序於北京大學。

新聞紙之性質與價值

新聞紙之性質

新聞學之對象爲新聞紙，英文曰 Newspaper，新聞紙特點有三：

（一）用一定名稱；

（二）用紙印刷；

（三）繼續定期發行。

新聞紙之區別甚多：由形式及材料上言，可分日報，雜誌，通訊之稿等；就發行期而言，有日刊，半周刊，周刊，旬刊等；就時間而言，有朝報，午報，晚報等；就銷路而言，有地方報，都會報等。更就編輯而言，有保守報，取穩健之態度，重理智之觀察，多登載政治，外交各種重大事件，社會瑣事，則屏絕之；有感情報，重大事件，固所注意，社會瑣聞，亦所顧及，評論則重於感情；有黃色報（yellowpaper），較感情報尤進一步，非但樂載動人感情之新聞，甚且言過其實，以動人視聽，每於新聞中加以奇特之穿插，致多失其本來面目，以迎合社會一般好奇之心理。例如火車相碰，死者甚尠，彼則張大其辭，虛云死傷若干，誠空前未有之大慘劇也。此外有專靠廣告而支持者，有機關報為某機關鼓吹以得其報酬者，有津貼報專靠他人之津貼而立者，種類甚多也。

新聞紙之職務

新聞紙之發生為適應社會之需要，其在歐美各國，猶布之於衣，穀之於食，政客官僚，可藉以發表政見；學者人士，可藉以發揮學術；農工商等，亦可藉以互相介紹。其重要職務有四：

（一）供給新聞，（二）評論時事，（三）補助商業，（四）補助教育。例如新聞通訊社為供給新聞，現代評論等則為評論時事，雜誌等則為補助教育，日報等則包括上列四項焉。

凡新聞紙須含有上列各項，方有可存在之價值，反之則否也。人爲求知動物，社會交際日繁，則互相關係愈密，故須明瞭一切，方可應付環境，順乎潮流，新聞紙卽係應此種需要而生者。玆分述之：

一　供給新聞

(甲)求正確　新聞爲多數閱者所注意之事實，故應加以考察，以正確爲標準：

(1)不可以訛傳訛　各種新聞，加以考察後，確係正確，始予登載。不可以訛傳訛，以致失事實之眞相。

(2)不可以推測爲事實　推測固以事實爲前提，但其結果不可加以肯定之詞，致貽閉門揑造之譏也。

(3)不可顚倒事實　輕微之事，不可大之，重大之事，不可小之，須持第三者態度，不以己見爲轉移也。

(乙)求完全　凡新聞須整個的登載，勿作片面之宣傳，爲片面之報告，致失事件眞面目，而發生不公平之評論。

(丙)求迅速　語云：「新聞易老」，又云：「新聞如鮮魚」，蓋云明日黃花之消息，正如失味之魚，故新聞貴乎迅速，新鮮始有價値也。

(丁)求豐富　交通便利，新聞繁多，而應注意之事亦夥。是以新聞內容，宜力求豐富，不可偏于一國一地或一黨一類事件，須竭力搜羅，以獻各界。換言之，內容須力求豐富也。

二　評論時事

新聞紙爲國民之喉舌，世人有正當之意見，與公允之評論，非假新聞無從表現。其負評論時事責任之重要，可想而知也。其職務凡三：

(甲)供給各方平等發表之機會　新聞旣爲國民之言論機關，社外一切來件，但須所記不虛，言之有理，不應問其屬何黨派，及與本報主旨向背，而予刊出，供世人之討論，給各方平等待遇。

(乙)代表輿論　代表輿論，爲新聞紙之重要職務，早爲世所公認，凡每事件之新聞，應默察多數人之意見，爲正當之發揮，作具體之判斷，代表羣衆輿情。

(丙)指導輿論　新聞紙不僅代表輿論已也，對於不正當之輿論，應指導之而入正途：羣衆誤解之事理，予以明白之解釋，使得正確之評判，造成眞正之輿論。

三　補助商業

近代商業以世界爲大市場，一般商業家，必爭奇鬥巧，使人知其貨物種類名稱及特長，然後銷路可廣，商業始有發達之希望，故必有待於宣傳之媒介。新聞紙不翼而飛全球，其代登廣告，因是項需要而發生也。且經商必明瞭時勢狀況，及各處商業情形，商家自行採探，匪特力之所不及，抑亦勢之所不能，而供給之者，則新聞紙尙矣：此各報之所以特闢一欄，廣載各物行市，以應商家之所需求，卽新聞紙之補助商業也。欲求完美，其要件有三：

（甲）樹立廣告之信用　我人對於現在新聞紙上之廣告，多不信任，以各報皆以賣地位爲目的，故凡來登廣告者，並不計及其眞僞，悉予登載。於是人皆輕視廣告，而廣告之效力亦減矣。欲革除此弊，對於廣告，宜負全責；卽審察其內容之眞僞，凡欺人與一切齷齪之廣告，概謝絕之，更宜進一步，要求登者自負全責，一覺虛僞，卽行停止。如此初雖受相當之影響，然信用一著，必受閱者之歡迎，而商家亦必爭先刊登廣告矣。

（乙）提高廣告之技術　廣告今日已成爲專門之技術，故報館宜延聘對於廣告學有研究者以擔任之。繪畫宜精美滑稽，始引人入勝；說明宜簡練明瞭，使閱者易喻；配置宜巧妙，便於刺目。如登廣告者之說明與繪圖，而俱不美，報館宜要求有予增改之權，如此不特予廣告直接利益，而亦增色匪淺也。

(丙)充實商業新聞欄　新聞紙既有補助商業發展之必要，故各報多闢專欄，以專載商業新聞，力謀豐富，用最明潔之方法，以供給於商家。以上三者，如能實現，則報社所得之廣告費亦隨之而增加，因果相生，新聞紙一日千里矣。

四　補助教育

文明各國教育普及，且多義務教育。似無待新聞紙以補助之矣。然學校教育期甚短，有新聞紙以補助之，則思想知識與時俱進。演講所圖書館等之設備，終不若報紙之效之大而普及也。欲完此職責，亦有二條：

(甲)愼選材料　新聞紙所選之材料，必足以增進知識，培養道德者。蓋中人之資，其思想常因其讀物爲轉移。新聞紙爲日間之伴侶，久而久之，其思想自能潛移默化，培養道德在是，敗壞道德亦在是也。故新聞紙對於各種材料有益於人者，則鼓吹之，否則攻擊之，爲社會之明鏡，人羣之導師。不然事實顚倒，是非混淆，爲不道德之暗示，則報紙之價値烏乎在？就知識言之，如國內外之大事，經濟教育等等之思潮，一一彙錄，作系統之批評，或介紹時人之偉論，以爲世參攷，俾閱者每日以最短之光陰，而學業與知識上獲最大之利益。使報紙於閱者有若圖書館及知識雜貨店。否則僅以誨淫之詞，風流之案，以充篇幅，博閱者之歡迎，則下等之黃色報矣。

(乙)文字淺明　新聞紙爲一般人之讀物，且一部分忙碌之人，故其文字宜以最明淺爲主。敍事應流利通暢，條理分明，使閱者一見卽明白如晝，庶無愧社會教育之榮譽也。

新聞之分析

新聞究爲何物，關於此問題，可由兩方面觀察：卽一由閱報之讀者，而一由辨報之主者。其答案則新聞者，多數閱者所注意之最近事實也。夫新聞之爲事實，無待贅言，但事實眞相，往往不易探得。姑無論如何，訪員及編輯皆可認爲一種新聞，而設法訂明其眞僞，以定去舍之格。故消息與新聞不同，消息乃未經證實之新聞，新聞乃已經證明其可靠之消息而具有新聞之價值，始可登載也。緣是新聞與小說不同，小說可以理想杜撰，未必有其事，新聞則必爲事實，毫不容涉及捏造。故凡新聞之未可靠及假定者，皆應屏絕登載也。但可靠之事實，又必以最近者爲限。如二十四史之材料，不可謂不可靠也，而乏新聞之價值者，則因其爲過去之陳跡耳。蓋歷史與新聞有別，歷史爲死新聞，新聞則爲活的事實，且爲未來之史料。然最近二字，亦有限制，即以交通之狀況如何爲標準。如美國交通便利，通信事業發達；國內電線，密如蛛網，國外無綫電，又亘世界，無論任何事情發生，距離遠近，訪員皆可隨時隨地報告，且極迅速，報費亦甚低廉。凡事皆在二十四小時以內，過去多視爲「明日黃花」。紐約報社，每日常發刊四五次，晨出一次正報，午晚則出三四次增刊，以報告此數小時內之事實，而最近多以十二時內事為範圍。吾國交通梗阻，通訊機關不發達，而邊陲各地。如新黔藏等尤甚，不得不稍寬格。所謂最近者類指近數日事，不過各地交通情形不同，所謂「最近」遂略有差異，雖有一定之標準，而超過最近標準之新聞，有時亦有登載之價值。則以該新聞之價值，是否隨時間而消滅為定。如今日公債之行市，明日已不同，其價值亦因之而降低。但有時亦可節要補登，而無害於新聞。如時人名人之死，記載多敍述其過去行為或傳略，此舊事且增新價值，是謂『舊聞活用法』。不過此種舊聞須附於最近發生之新聞，始有價值而已。

新聞應為最近之事實，且應為多數閱者所注意者。如一人正在上課，雖為最近之事實，然不為多數閱者所注意，而乏登載之價值。譬如一車夫驟得一極厲害之傳染病而死，或者為人暗殺而死，車夫雖不為多數人所注意，而其病關係多數人之安危，其被害事爲社會之案件，因此特別之情形，卽可視爲新聞，而亟予登載。又如紐約有一富翁死，彼在地方有相當位置，在紐約可視爲地方新聞而發表，在國外則無登載之必要。因國外之讀者，與此富翁無絲毫之關係，卽無注意之必要也，但使此富翁臨死時，遺囑將其遺產全部捐贈爲建設世界各國之慈善事業，則各國報紙，皆視爲重要之新聞而登載，且因是注意其死之情狀，致富之原因，事業之計劃等。蓋讀者並不注意此富翁個人之生死，乃因其遺囑將財產捐贈於國際事業，始引起注意心也。且關係之範圍極廣，非一二人爲最多數者，故有詳細記載之必要也。

新聞之爲物，至爲無定。某大學最近之事，某大學之人注意之；出乎某大學則注意之人少而價値亦比例而低下。正如甲地之地方新聞，在乙地多視爲無足輕重，以有地方性也。綜上以談，新聞不僅爲最近之事實，且應爲多數閱者所注意者也。質言之，新聞者最近之事實而爲多數閱者所注意者是也。

吾國新聞界每謂『有聞必錄』且援用成例。實則在理論上絕無存在之價值，不過處現時言論尙無自由可言，或於事實可得相當之保障。而此暫時之現狀，其流弊乃無窮。試問無論任何消息，不問其確實與否，而卽認爲事實而登載之，其結果必致以訛傳訛，混淆是非。無意中竟受人之利用，成爲造謠之機關。卽退一步言，所聞均係事實，亦未可卽予登載，而須經審定是否爲最近之事實及多數閱者所注意者。何況報紙之篇幅有限，安能盡所聞而必錄耶！吾國之所以用此語者，似由不自愛惜者，假此以達其他種不正當之目的。他日新聞界進步，言論有自由記載之權，此語必歸淘汰無類也。

新聞究爲何物，旣如上述。綜要言之，新聞一須爲事實，二須爲最近者，三須爲閱者所注意者，且屬最多數。故記者於得到各種消息後，首先問其爲事實否，爲最近事實否，再用一定之標準，是否爲多數閱者所注意。合此條件，可予登載，否則字紙簍材料也。

新聞之精采

新聞之精采 Feac ure of the news，即以平衡消息之去舍。精采云者，乃足以引起多數閱者注意之事實也，玆分論之。

（一）個人之關係　一般人對於不關己事，多存莫管他人瓦上霜之心，而關己事雖至微細，則未嘗一夕去懷。故各種消息，凡與多數閱者發生密切之關係，則可斷定爲多數閱者所注意，而可視爲新聞登載。此引起閱者注意之點，即新聞之精采也。例如金融之漲跌，銀行營業之失敗，一般人多有切膚之關連，則可視爲絕好之新聞材料。又如煤荒米漲時疫等，皆有同一之價值。他如社會之安危，政局之變動，關係極大，尤須詳載也。

雖然，與閱者無莫大關係之新聞，亦多有登載之價值。如著名之人物及機關，與事情之反常者。例如黎黃陂之學佛，溥儀之出洋，汪精衞之生活，雖與多數閱者原無關係，而以其爲名人，遂惹多數人之注意，新聞記者亦視爲珍貴之材料而登之。且不僅注意名人已也，亦並注意名機關，如總統府，故宮博物院，及大政黨本部之一言一動，多見於報紙是也。至事情之反常，可以舉下列爲證，京津火車通行，非新聞也，一旦若出軌或誤鐘點，則出乎常例而成新聞矣。昔某報記一農人一百三十一歲，子女共三十八，長子已九十三歲，幼子僅五歲。此新聞非記農人也，乃記農人事之特異也。故美國 Mr Dana 謂『狗咬人，非新聞也；人若咬狗，則爲新聞矣。』此誠的語也。

（二）人類之同情　人類非純注意己事及奇事已也，凡足以得人同情，縱不關己事，亦所注意。此項事實，約分三種：（一）生命之損失　如火車出險，死人數目，以多少爲比較，死人愈多，則人類哀悼之同情愈深，而注意愈大。又如商輪遇險，人物俱沒，此大慘劇，無不視爲要聞，而登於重要位置也。（二）財產之損失　財產之損失，亦足引起多數人之注意，如前土耳其大火警，損失有數千萬之巨，流離失所者二十餘萬人，凡閱者見此巨大之慘案，未有不亟想知其究竟者也。故全世界報紙，皆爭先登載之。(三)可悲可敬之事　事之可悲可敬者，閱者亦極注意，如席上珍劉廉彬諸女士之死，全國報紙刊其事甚詳，然觀二人之事業，無一驚人。所以詳刊之者，悲其遇而敬其志也。五卅案報紙連篇累牘，不厭求詳，亦以其事件可歌可泣也。(四)地方色彩　某地方一種新聞，於某地方範圍內，皆極注意。他處則注意者少，以有地方性也，故僅列為地方版而已。是以新聞不單問其本體之性質，應注意其外附之事情焉。

此外如各種比賽勝負，奮鬬之運動等，皆新聞之精采，記者應有明確之觀念，敏銳之眼光，於種種新聞中，提出其最精采處，引起讀者之注意可焉。

新聞之價值

新聞社每日所得新聞，有如山積，其刊出者僅若干分之幾。而此刊出者，置前置後或詳或略，則全視乎新聞之價值。價值者何，即注意人數之多少，與其程度之深淺是也。故新聞之取舍，可取數者而比較，以精采重要之程度，及精采之結合如何爲標準。如含多量精采之新聞，其價值自大。而可定一標準，新聞之價值，以精采之重要及結合爲正比例。同一新聞，其價值之不同，以發生及登載之時間爲反比例。相隔時間愈短，則價值愈大，愈長則價值愈小。因此各國報社，皆鈎心鬥角，縮短時間，以保存有新聞之價值。其法如左：

（一）採集與報告之求速　昔時採訪新聞及報告於報社，多用書信及面遞，至費時日。自電報發達後，採訪及報告，多利用電報及無綫電。便利而且迅速，價值之大增。而歐美各大報社，力圖敏利，且自設電綫及無綫電臺海底電等，自供專用，尤爲快速可驚。近更發明電傳照像及原文，其增新聞之聲價尤大也。

（二）每日發刊次數之增加　每日報紙，僅發刊晨刊或夕刊一次者，出版後所有重要新聞，均非隔日不能登載。新聞價值，每因是而低減。各新聞社羣謀改良，乃增加發刊之次數。有多至七八次者，前以二十四小時，始可報告之消息，今數小時可報告於閱者矣。吾國則因種種阻礙，報紙不甚發達，有重要事件，惟有刊行一簡陋之號外耳。他日進步，當取法歐美無疑也。

(三)隨時皆可改版　當編印已竣時，忽得重要之消息，不宜待至下版者，則用臨時改版法。卽將比較不重要消息取出，插入重要之新消息，此法近已通行歐美，故所謂『昨日』事。絕未之有。卽今日事，亦嫌欠清晰。多改用『方纔』『幾時』等字樣矣。至改版手續殊簡便，以用 Stop Press 也。

然新聞之價值，隨地亦有異，大抵以發生新聞之地爲中心，而以距離遠近爲價值高低之正比例。較近則注意者多，價值較大，稍遠則稍減矣。故有專供本地之地方版，專詳載本地之新聞，外地則不附送焉。綜上可下一公例曰，凡一新聞之價值，以發生及登載相距離爲反比例。而評衡則賴乎素有涵養訓練之良記者也。(新聞學刊)

新聞紙與社會之需要

新聞紙乃應社會之需要而生，在今日歐美社會中，幾如布帛菽粟而爲世人生活上必需之物。政治家假之以發抒政見，商業家假之以考查商情，文人假之以發表作品，優伶假之以廣招座客，失業者假之以尋找職業，居家者假之以購買廉價之用物。社會各級人士，無論貧富貴賤，幾無不以閱報爲每日必要之行事而不能一日或缺。社會之需要旣繁，故新聞紙之職務亦衆，其最重要者有四，卽供給新聞，評論時事，促進商業，補助教育是也。新聞通信社之通信，僅以供給新聞爲務，雜誌則大抵注重於時事之評論，與敎育之補助，至完善之日報，則每能兼上列四種職務而盡之。故上列職務，新聞紙固不必全盡，但必於四者之中，至少盡其一焉，方有存在之價値。

人者，求知之動物也。處今之世，人與人之交際旣極頻繁，而社會之關係又至複雜，社會之事實復多瞬息萬變，欲求適應環境，自須周知時事，庶能了然於社會之情狀，世界之潮流。否則如盲如聾，對於社會，自難有所貢獻。縱偶欲有所設施，必多違反潮流，背於事實，而有動輒得咎之虞。因此世人欲知新事實之念，較昔尤切，不復能苟安閉塞矣。辛亥武昌起義，四方響應，萬目睽睽，咸注意革命消息。各地報館門前，日夕肩摩轂擊，爭探戰訊，其求知之熱，至爲顯然。惟此僅一例耳。然天下至廣也，人事又至繁也，而人又散處不能盡相見也，其何以廣覽而周知哉。自有新聞紙應此需要而生，以供給世人所注意之新事實，即所謂新聞者爲職務，凡可傳之事，無不遍播於天下，世之覽者，遂皆能足不出戶而知天下事矣。新聞紙中有能完滿盡此職務而不愧爲社會之耳目者。有不能稱職者，此則視其能否力行下列條件耳。

(一)求正確　即所登新聞，概須爲曾經查明屬實，或認爲毫無疑問之事實。錯誤自不能免，第須不確實是求。一不可閉門揑造。二不可輕信謠言，以訛傳訛。三不可任意推測一人或一派行爲之動機或用意，而卽認爲事實。四不可對於事實有意加以顏色，以混淆之，顚倒之。

(二)求完全　卽關於同一事件之各種情形，均應據實完全登載。須知每一問題，必有兩方，自須雙方兼顧。切不可專選登利於一方及不利於他方之新聞，而將利於他方之新聞，隱匿不登，或登之至簡，以蒙蔽閱者，使其受片面記載之惡影響，而不能爲公平之判斷焉。

(三)求迅速　卽應設法以最新鮮之事實供給閱者。蓋新聞易老，其價値與鮮魚之味同。鮮魚過時稍久，則失其味，新聞登布稍遲，其價値不失亦損矣。

(四)求豐富　吾人因智識進步，交通便利，所注意之事物日益加多，故新聞供給範圍亦咸擴大，不能以本埠新聞及本國要聞爲限，卽他國要聞之能引起國人注意者亦應供給之，不能以政治新聞爲限，凡宇宙各種現象如敎育商業鬪殺情死結婚等事，不分精粗，不論巨細，苟爲衆所注意，均應擇要而一一揭載之。又新聞紙之閱者常不限於一性一界也，凡男女老幼，士農工商，各界之人，莫不具備。故日報之對於新聞，又不能以普通新聞爲限，卽特殊新聞如婦女新聞經濟新聞等，亦應供給之。總之，各類新聞，每日俱有，乃普通日報供給新聞之原則也。

近代言論思想自由人好議論。卓識遠慮之士尤樂發表意見，以指導羣倫。使無刊布之機關，則其思想見解，無以達於全國，而收討論切磋之益。又近代之事，內容常至複雜，利害常至隱晦，使無人爲之出明指導，世人每不能判定其是非利害。而公衆之情感與願望，就賴有人爲之罄吐，以收民意之效。一部份之新聞紙，卽應此需要而生，一面供給世人以發表意見及互相討論之機會，一面復自行提供意見，以供世人採擇，發揮民意，以督責政府與社會。此評論時事，所以爲新聞紙重要職務之一也。新聞紙如欲完滿盡此職務，則於下列各點應力行之。

(一)言論公開　新聞紙予各方以平等發表意見及討論之機會，故應歡迎來論。凡投稿能言之成理，持之有故者，不問其見解主張之精粗激隨，以及與本社所見相同與否，均應一一登布之，以供世人之研究。聽公衆之判斷。

(二)代表輿論　西人常云，新聞紙者，國民之喉舌也。國內各報發刊時，亦多以代表輿論自許。代表輿論，誠報紙評論時事重要目的之一也。故評論記者，平時應默察國民多數，對於重要事件之輿論，取其正當者，著論立說，代爲發揮，言其所欲言而又不善言者，或不敢言者，以監督本國政府，外國政府，或社會之各團體，或向各方提出人民之請求與願望。若記者爲富貴所淫，僅秉承一派或一人之意見，而著論發揮，則機關報耳，不足云代表輿論也。新聞紙爲社會產品之一，故亦受社會之支配。如因願爲機關報，對於國家大事，顯然發表與國民輿論相反之意見，則必見憎於社會，而失其本有之勢力。如洪憲時代之亞細亞日報等是也。惟報紙代表輿論，固博民衆之歡迎，亦常觸當局之忌怒，而有報館被封記者被捕被殺之虞。此在我國尤然。遂致記者每存明哲保身之想，而不敢十分代表輿論，否則註脞於外國政府，以博對於本國事件之言論自由，此誠爲莫大之憾事。在當局固爲不智，然記者卽因此畏首畏尾，亦爲不可，蓋當局壓迫報界之時，毎爲輿論急待傾吐之日也。故偉大之記者，應有大無畏之精神，見義勇爲，甯犧牲一身以爲民請命，不願屈於威武而噤若寒蟬，況全國報紙，如能同起而代表輿論，則政府雖有意干涉，亦莫可如何哉。

(三)指導輿論　報紙評論時事之目的，除爲民衆喉舌代表輿論外，尙應立於社會之前，爲社會之導師，指導輿論，以納人事於軌物焉。故評論記者，對於內容複雜之時事，應羅列事實，加以解釋，將其因果變化，乃至直接間接所生之一切影響，皆於最要之點上，加以適切明白之說明，使閱者能爲觀察綿密之判斷。對於關係重大之時事，記者應自行提供透明無色切實穩健之意見，或約請對於此事有專門學識或豐富經驗之人物，或負有社會重望之人物，撰著專論而刊布之，或博訪周諮編爲談話而登布之，以備閱者之採擇。對於羣衆應注意而尙未注意之興革事件，記者應本純潔之精神，高尙之思想，遠大之眼光，細心研究，著論倡導，闡明其關係，說明其理由，列舉其辦法，旦旦而聒之，月月而浸潤之，大聲而呼之，諷陳而激之。初每無甚效果，然鼓吹旣久，必漸能激起閱者之注意，提高閱者之興味，使其變成公共問題，發生正當輿論，終至應興者果興，應革者果革也。若盈篇累幅，斷斷於瑣屑，肆力於謾罵，或舞文弄墨，或標奇炫新，均不足語指導輿論也。惟於此有應注意者，即指導宜以漸而不宜過急，宜步步爲營，而不宜奔馳千里。蓋無論何事，苟超邁羣衆程度過遠，則曲高和寡，必難成功。蓋世運之進步，非將五十步百步，一足飛渡，乃步步循序而進者也。故指導之妙譯，在能使社會了解，卽其見地只能先社會一步，於是稍經說明，卽能號召羣衆，隨之前行，而盡其誘掖之能事矣。

近代之大商業家，多以全國或全世界爲市場，競爭至烈。故商人須爭奇鬭巧，競事宣傳，使世人熟知其商品之名稱，與特點，以爭主顧之顧盼。然若無一無遠弗屆之物，爲之登載廣告以爲媒介，則其宣傳所及，終屬有限，此而無遠弗屆之物，惟新聞方能當之。又近代商業之運用，須以事實與智識爲基礎，故商人不能墨成守法，須明瞭各地之商業情狀，方能精密計算，敏捷設施，以爭勝於商場。然此項商業新聞，若概行自行設法採集，則所費甚鉅，常爲力所不及，勢須有一物焉，代爲搜集，以極廉價格供其需要方稱便利，而此物又爲新聞紙能當之。蓋除通信社稿外，其他新聞紙，莫不有廣告欄，爲商人刊登廣告。規模較大之日報又莫不有商業新聞專欄，將重要商場之金融貿易物價市況等消息，逐日披露，復登布專家對於商業問題之意見，以備商人之參考。於是商人僅出極微之報資，即得知商業之現狀與趨勢，而爲握奇制勝之設施。近代商業之偉大發展，新聞紙實與有功焉。故補助商業，亦新聞紙重要職務之一。報紙如欲完滿盡此職務，則下列數點須力行之。

(一)樹立廣告之信用　世人對於廣告，每生鄙夷之心，因報館多只知出售廣告地位，而不問其內容，於是齷齪之廣告有之，虛僞欺人之廣告亦有之。鄙夷之心既生，廣告之力自減。故報館應拋棄從來此種不負責任之態度，對於來登之廣告，均應審查其內容，舉凡一望而知其爲欺人之廣告，如包治疾病及算命看相等等類之廣告，一望而知其爲齷齪之廣告，如春藥揭帖妓女啓事等，均應拒絕不登，至其他廣告，除一見即知其爲毫無疑問者外，應使登者先行保證其可靠，證明其確實，或甚至由報館先調查其眞僞，再定收登與否，於是報紙所登廣告，不啻商業新聞，自深得閱者之信任，而廣告之效力自益宏大矣。

(二)提高廣告之技術　廣告現已成專門技術，非泛泛者所能勝任，報館應請精於斯道者專司其事，指導登者，甚至代撰廣告，務使所刊廣告，措辭旣巧妙動人，配置復優美奪目，寂寂數語，能觸動閱者之需要，引起閱者之信用，於是則廣告之效力尤大矣。

(三)謀商業新聞欄之充實　應以敏捷之方法，採集各種新聞而登布之，復時登精確之商業評論，以資商人之借鏡，如是則商人必爭相購閱，受益匪淺，報紙自亦因之而暢銷矣。

歐美教育發達之邦，莫不實行強迫教育，惟實施之範圍，現尚止於小學。小學例有一定肄業期限，期滿畢業後，則續學與否，聽人民之自決，人民因生計之關係，多從此輟學。故各國教育之統計，均係中學生較小學生爲少，大學又較中學生爲少，能入大學院升學者尤寥寥可數。故世人在校受學之年，爲期至短，多數所受，實止小學教育，使無補助機關，於其出校後，時常啓發其智識，祇厲其精神，則何以發展其能力思想而收與時俱進之功。此各種學術雜誌，職業雜誌，以至通俗雜誌之所以興也。普通日報，亦有補助教育之效，蓋日報所載之新聞評論，以及其他材料，泰半爲世人每日精神上之食料，能於其思想行爲或情感上，發生若干之影響。矧日報日與羣衆相親，故羣衆日在其教育作用之中，因此其補助教育之効力，反能較雜誌爲大。然新聞紙此種効力，不僅及於已出學校之人，即在校學生亦多受其賜。蓋學校科目有限，教材騃板，多懸想而少事實，常不能饜學生求知之慾，而盡誘掖之能事。今有新聞紙從旁補助，或提供時人之思想言論，或報告千變萬化之新事實，於是學生之智識益增，思想益進矣。在教育發達之邦，新聞紙之重要已如此，在教育幼稚之邦，其重要自加甚焉。故新聞紙者，社會之導師也，世人之無邊大講座也。補助教育，既爲新聞紙重要職務之一矣。欲完滿盡此職務，下列二點應力行之。

（一）愼選材料　即所刊載，均應爲於智識有所增益，道德有所培養之材料，若一無所具，則應擯棄弗登。蓋於智識無所增補，則刊之有何益，於道德無所培養，刊之反恐有害。世人多係中人，導之東則東，導之西則西，習於善者善，習於惡者惡，新聞紙既幾成人人必讀之物，日侵月久，自有移風易俗之能，耳濡目染，必生潛移默化之効，故新聞紙可以培養閱者之道德，亦可以敗壞閱者之道德，惟視其所選材料爲如何耳。若所登材料或介紹學術，或輸入思潮，或記名人之言行，或論處世之眞理，自於閱者之道德有所培益。若記者能秉筆如董狐，褒貶如春秋，美刺如國風，對於合理之事，公益之舉，助之張目，不合理之事，自私自利之舉，抨擊無餘，人有善行，則盡量表彰之，使其受輿論之贊揚，人有惡行，亦振筆直書，如禹鼎鑄奸，魑魅魍魎，無或遁形，使其受輿論之制裁，則新聞紙之力量，雖未必榮如華衮，或嚴如斧鉞，然足以動閱者向善之心，遏世人爲惡之念，則毫無疑義。蓋社會上之勢力，未有强於輿論者，而發生輿論之重要機關，則新聞紙是也。新聞紙果能如上所云，自不愧爲社會之明鏡，民衆之導師。然若新聞則顚倒事實，評論則混亂是非，惡者爲之粉飾，甚至譽之如神聖，善者任意誣陷，甚至詈之如虎狼，羣衆受其蒙蔽，輿論因以錯亂，必致惡者張胆而善者灰心，閱者之道德，無形受其戕害矣。若更登花國之新聞，章台之月旦，香豔之詩詞，誨淫之小說，娼寮之廣告，妓女之照片，豈僅自降新聞紙之品格，而成爲一種消閒品，且予閱者以種種不道德之暗示，必致世道人心同歸惡化也。可不愼哉？以上係就道德方面愼選材料之必要也，就智識方面言之，亦然。材料正當，足以增進閱者之學識，啓發閱者之思想，開拓閱者之眼光，如不正當，不惟於閱者之學術無補，甚至足以窒塞其思想，狹隘其眼光也。故日報對於新聞，凡國內國外之大事，均應有明確之報告，經濟教育等新聞，均應各立專欄，使閱者不出戶而能知天下事，且檢閱甚便也。對於評論，凡當面之重大問題，均應有所貢獻，或羅列事實而說明其關係，或發揮民意而提出其主張，或報告觀察研究之所得，或介紹名流碩學之言論，俾閱者對於時事，能爲觀察綿密之判斷，此外尙應發行增刊或附刊，載學術上及文學上之作品，或講學理，或評新書，或敍游歷，或記發明，使閱者稍破工夫，卽可得無數有用之智識。日報果能如是，則閱者手此一紙，如親師友，其學術思想眼光之受益，自非淺鮮，而此報之不愧爲閱者每日之圖書館，或販賣智識之百貨店，亦不待言矣。若材料貧枯，僅有不實不盡之政聞，淺薄空泛之時評，談奇誌異之雜組，盈篇累幅，而於實業工藝商務婦女體育文學美術種種人類關心之事件，則不能羅致之，討論之，介紹之，自於閱者之智識無甚裨益，或甚至有損害。若更以香豔詩詞，誨淫小說，祕史厲流案之類充塞篇幅，則又下一等矣。

(二)文字淺明　除少數特殊雜誌，以供專門學者閱讀爲目的外，一般雜誌及日報，均係爲供羣衆閱讀而設，故其文字宜淺明易讀，一使人人能讀，卽無論智愚，均能了解其意義，二使人能速讀，卽閱者毫不費力而卽能了解也。現時閱者用以閱報之時間，多極短促，設須思索而後得，詞待再讀而後明，甚至須查閱字典辭書，方能了然，則不惟至爲不便，且多數閱者恐亦無此閒暇也。欲求淺顯易讀，新聞紙宜以極平易曉暢之文字，爲極有條理之敍述，標之以符號，點之以句讀，文體毋求奇哀，詞句毋尙古奥，卽論最專門之學，如科學談之類。亦宜皆以淺顯之筆出之。新聞紙果能如此，則其記載人人能讀之，且能速讀之，其補助敎育之效，自益宏大，而其銷路亦必因之而廣也。若更能文字簡練，饒有興趣，則尤妙矣。

新聞紙因應社會之需要而有上列四種重要職務，故爲社會之公共機關。其宗旨尙純正，態度取穩健，新聞貴敏確，持論期弘遠，廣告宜愼重，然後乃能指導輿論，代表民意，增進商業，增進民智與民德也。新聞紙旣爲社會之公共機關，故其記者亦爲社會之公人，責任匪輕，處之宜愼，遇事當求其眞，發言應本乎正，本獨立之精神，作神聖之事業，信仰取得，權威自立，尊嚴立見。世有誤認報紙爲文人游戲三昧之筆，舞文弄墨之場者，有誤認報紙爲達到個人目的之武器，藉以博官職賄者，有誤認報紙爲一人一派之機關，其均可以返矣。以上乃就報紙之公的方面而言，然報紙雖爲社會之公器，應以社會之利益爲利益，但究係私人獨立經營或集資經營之物，而非社會所公有，自亦不能無私之一面。以營業維持新聞紙之生命，乃至正當之辦法，亦凡百商業共有之義。所應注意者，卽如何方能公私兼顧，復能不以私而害公也。（報學雜誌）

新聞事業之將來

以前之新聞紙的發達順序，由抄錄而傳消息，目前情形，頗有一日千里之勢。則未來趨向。足可供吾人研究，非若前此之簡單，即以吾所見，其將來必須有四種化，此四種化者，蓋卽新聞事業進步之預徵也。

一　報紙之公共化

所謂公共化者，乃因新聞紙與社會關係愈趨密切而言。夙昔執新聞紙業者。輒以新聞紙爲其個人私產，此殊失當。夫吾儕獻身於社會時，卽當視此身爲社會所有，遑論其所執業。而社會之進化，以近代情形見之，得力於新聞紙時爲尤多。若新聞紙進步猛銳，社會進步，亦必因之增速，此可斷言也，更可於三種情形中以見吾說之非謬。

（甲）政治方面　現代之政治爲多數人之政治，非復與昔日之專制。所謂多數人政治者，將政權自少數人掌握中接交多數人也。此多數人未必俱富有新穎之政治常識，則其如何研究，將恃新聞紙以知識供給之矣。設一新聞紙所記載消息全屬推測揑造，影響于政治，即所以遺害於社會。甚至有不良之新聞紙，顛倒消息以刊布，或者將正確消息隱匿，此種自私之結果，一旦大白，徒墜其身價而已。故視新聞紙爲社會公有之記者，其佈一消息，定力求正確與其完全，於政治上，不作任何方之犧牲品。凡正當之議論，且將予各方面以平等發表的機會。而記者有所議論，亦必誠實，藉供執政者參考。一新聞紙，或可作政治之中心點，力亦偉哉！

（乙）教育方面　從來社會不大承認新聞爲教育機關，此實錯誤，實則新聞紙在教育之地位，當較其他任何爲重要。其他之教育無論其範圍若何，終不過是片面的，獨新聞紙上之教育，爲普遍的。Wendell PhitiPs 曾稱贊新聞紙之勢力，語頗至當：『It is mOmenteus, yes; a fearnl truth, that millions have no literatu re, no school, almost no pulpit, but the Press It is vParent, school college PuPit, theat:r, ExamPle counseller, all in One, let memake the new sPaPers and s care not whom akes the religion or the larte』此言吾儕可從新聞紙上而得高深學識也，實非教育而何。且新聞紙上之教育，更能影響轉變人類之感情思想與行爲，使未受教育者而受新聞紙上之教育，受教育者愈多，則新聞紙上之教育非耳提面訓一一同之也，新聞紙上之教育可同時張布其勢力於大家多數人也。

（丙）宣傳方面　弗論政治外交以及商行之宣傳，皆恃新聞紙爲中樞。因新聞紙供獻於大家多數人之前，其宣傳能力乃至巨，如外交方面，新聞記者可以代表全國人士輿論，以與外人相周旋，而力之所至，得各國人士信仰，則宣傳力已被於全世界矣。但今日我國新聞紙，輒因「不負責任」與「無強制力」之故，乃失其宣傳所有之能力。世人對其已失信心，縱其言果當，世人亦不認爲眞，則曰此不負責任之言也，此被壓迫之言也。信若是，宣傳云乎哉。苟新聞紙所宣傳爲世人信仰，世人且以其宣傳據爲自己意見，收得之效果，更不可以言喩。惟此所謂宣傳決非不正當之理論，使世人蠱於邪說也。此所謂宣傳，蓋用極準確言論，導世人入於正當樂園也。

二　報社之商業化

今日吾國之新聞紙，除一二漸趨革新者外，鮮有能知商業化之意義也。多數不良之報社，其主筆與經理，方蜷伏於小室中，日日摭拾腐敗新聞數篇，以充篇幅，而後日刊幾十頁，此幾十頁之新聞紙，又大都贈閱，報資無有也，廣告亦無有也。吾述至此，人且疑吾言之非信，蓋不知此主筆經理，將何以支其生計，但是中乃隱有黑幕在，曰津貼與竹槓，凡此幾十頁新聞紙，乃一一供獻予其津貼者之前，以求戔戔糊口之費。上焉者爲機關報，以全部售於一人或一派，下焉者今日甲盛則迎甲，甲衰則迎乙，凡此「賣身投靠」之種種現象，因非吾所欲述之商業化也，吾所謂爲新聞社商業化者，大別有二：

（甲）報紙銷售　以吾人夙昔理想，報紙銷售當然的爲新聞社之最大收入，孰知竟有不然者，一束的新聞紙，往往訂價甚廉，反不足償其白紙之費，此亦大謬也。實則新聞紙銷路廣，廣告亦增多，在登廣告者固擇銷行最廣之新聞紙以刊載，是以廣告多寡與報紙銷路，頗有因果。而執新聞紙業者亦不歧視之，善營新聞業者必精其內容，美其印刷，閱者既多，銷行自廣矣。

（乙）廣告營業　用廣告營業以維持報紙生活，此殆已成近日新聞社之公例。然如何使廣告發達，則業新聞者固有所企望於普通社會上一切商業之蓬勃，非大商行必不能出鉅貲以刊廣告。新聞紙乃從而受其影響，商業愈繁盛，商戰將愈猛烈，爲爭求主顧之原因，自非大張其廣告不可。新聞紙上廣告既多，則無須於津貼，議論亦歸於純正，消息因亦求其靈確，銷路既然廣，廣告遂亦臻上乘矣。

統見上述二者，實互相以爲因果也。更普以言之，今日新聞社，大半集股以成，多屬有限公司，則其商業性質，早已成立。年終則有紅利，股票則有行市，謀其營業之拓展，自弗待言。其所以爲商業化者，更非只述報紙銷售廣告營業之局部也。稍大規模之新聞社，更有附屬，爲代人印刷，代人鑄字，此亦皆含有商業趣味，可以約而言之，新聞社之商業化，乃求其新聞紙發展之一種向上的進化也。

三　新聞之事實化

此爲新聞紙之重要條件，自應翔實，似不待言。但近頃之新聞紙，往往所載僅爲一消息爲非事實，良足以淆亂聽聞，而以「有聞必錄」四字爲遁詞。在有新知識與道德之記者，渠必不出此，渠所信者乃爲「有問必查」，查其屬實，然後錄之。去取之間，非魯莽可以將事也。(固亦有在言論不自由國家而用「有問必錄」四字以避政府干涉者。此係例外不在論例。)不確實新聞之由來有兩點：

（一）探聽錯誤，此種多半爲訪員之錯誤，並非存心，間亦消息不確實，再加以推測，更有千里之謬矣。故主筆對於訪員信任與否，頗屬重要關鍵，記者决非探集街談巷議而可認爲新聞。必得確實足以相信之點，方可執筆爲記載之也。

次爲有意揑造者，有意揑造之新聞，始不出兩種原因，一爲對於仇己之攻擊，一爲代某派之宣傳。此種舉動，初則若可獵得閱者之信心，仔細以考查，則大貶其價值。於是廣告銳減，根本搖動矣。其所載消息顚倒隱匿，凡此等等，即其私人道德上亦有損傷也。世界交通，愈趨進化，探訪新聞，較前愈易，則前項之錯誤或可以免矣。只須記者細心，必不致有何舛錯。惟有意揑造之新聞，且願花樣翻新，用迷人目，此種技倆，余甚願不見諸今後之新聞報紙上也。

四　廣告之藝術化

前論報紙之商業化，求其新聞詳速，銷路宏遠，廣告必增多，然論及廣告之本體，則所求者「乃勢力偉大，」所謂廣告者，任何方法之宣傳，能轉移心理，引起注意，以達其目的也。因之廣告更有六要。

(甲)眞實　廣告非一味誇大其詞也，必求名副其實，廣告中所述優點，必於其貨品中一一見之。向例報紙時於廣告不負責任，而有借廣告以施其詐圖，閱者弗知而黠者之計售。其他廣告效力遂因而減色。若近頃發達之新聞紙。爲紐約N.y.world等，刊載廣告，且需一可信之保證，此之所謂眞實，或可謂廣告之新聞化歟。

(乙)選字　一字如何可以奪目，使閱者注意。

(丙)造句　一句宜長或宜短，終以獵得閱者注意爲能事。此與上述選字一項，皆由新聞社之廣告部司負其責，必求斑純，必求老練，使閱者見之以爲「此乃可愛之藝術品，非廣告也。」然後其功竟矣。

(丁)地位　廣告刊在報紙上，如何使人注目，則地位爲一大問題也。今日我國之報紙，其廣告刊例，不常有甲等乙等之分乎。此則別其封面或底頁與附張，刊廣告者必得引人注目之地位，始可收効。

(戊)變換　久則腐，久則膩，此恆情也。廣告爲求不腐不膩之故，當時常變換，或文字不同，或地位移異，使臻新穎，用奪人目。

(已)附圖　恐文之無功，增畫圖以吸閱者之眼光，此亦廣告中重要之成分不可忽也。上述六者，爲義甚明，若能化成藝術，或有文學上之意味，非特尙美於一時，亦可見效於俄頃也。因廣告與新聞甚有關係，特論及焉。(報學雜誌)

新聞學刊全集序言

黃子天朋嗜新聞學，主辦新聞學刊，計出八期，內容精美，斐然有聲。近更就所刊文字，選若干篇，分訂八卷，合爲新聞學刊全集，書旣成，徵序於余。

余惟新聞紙者，近代文明中勢力最雄偉之物也。其力足以維持政府，亦足以傾覆政府；足以促進外交，亦足以破壞外交；足以造成一人之名譽事業，亦足以毀壞一人之名譽事業；足以激起一時之怒潮，亦足以驚醒世人之迷夢。君主遇之每多失其權，軍閥遇之每多挫其勢；名人一經其一致攻擊，則倒如泰山壓卵沸湯沃雪之易；祕密一經其詳細披露，則如春雷一聲，瞬息轟傳於萬里以外，乾坤震盪，無足以當其鋒者。國民之政治思想，賴以養成；社會之道德智識，賴以涵育；思想之自由，賴以發揚；文明之基礎，賴以奠定，其力誠莫與厚矣。

至此力之爲禍爲福，則全視人之運用如何，如能善用之，則新聞紙者，誠「社會之耳目也，國民之喉舌也，人羣之鏡也，文壇之王也，將來之燈也，現在之糧也。」如濫用之以顚倒是非，揑造黑白，無中生有，小事化大，則小之足以敗壞個人名譽，使其見棄於家庭，見疏於朋輩，失其地位，身負惡名；大之足以使銀行破產，公司倒閉，國會失其尊嚴，政府因而改組，甚至引起國內之政事，擾亂國際之和平。由上觀之，新聞紙之勢力愈大，則新聞記者之責任愈重，至爲顯然。新聞學者，以養成良好新聞記者，並導新聞事業於正軌爲職志者也。斯學昌明，則人類受新聞事業之福，愈增其量，是斯學之重要可知矣。自民國七年北京大學創設新聞學研究會以來，國人對於斯學，漸加注意，近年以來，新聞界之各項改革，如採訪之注重，編輯之改良，印刷進步等等，與當日該會所倡導者，均不無若干關係，該會本有「新聞週刊」之發行，惜僅出數期，即因五四運動停刊。今新聞學刊之內容，更見精彩，則此全集之發行，必更有裨益於國人對於學刊之研究。吾知中國新聞事業，亦必因此而益見進步矣。

民國十八年七月十九日徐寶璜序。（新聞學刊全集）

徐伯軒先生行狀

陳大齊

先生諱寶璜，字伯軒，姓徐氏，江西九江人。幼而岐嶷，七歲失怙，居喪哀毀如成人。就學於邑之文化學堂，試輒冠曹。年十二，依其世父子鴻公於京師，先後肄業於匯文中學校，北京大學校。子鴻公曾留學日本，與黃公克強等組織國民教育會，倡導革命；返國後，仍潛謀不懈。 先生親承謦欬，濡染至深，後日之熱心黨國，已樹基於童年矣。中華民國元年 先生考取留美官費生，入米西庚大學習經濟新聞學科，好學不倦，聲譽日盛。三年子鴻公以衆議院議員力抗袁氏罹難， 先生聞耗痛不欲生，人以是愈多之。五年歸國，北京大學校長蔡孑民先生聞其賢， 聘爲教授兼校長室祕書及新聞學會主任。九年蔡先生兼任民國大學校長，旋因事去國，復請先生代理民大校長。民大素無基金。惟特募捐， 先生奔走呼籲，勉力支撐，校務漸有進展。十七年任鹽務學校校長，是校轄於鹽務署，校長之進退，往往視政局爲轉移，一歲數易，無能久於其位者；而校款仰給鹽署，或不時支付， 先生則力請於署長，指撥高綫公司標價一款，以爲基金，而是校之根抵始較前鞏固。添置化驗室，以重實習，而設備始漸臻完美；改訂任用條例，以廣出路，而學生始免用非所學之感。任事二年；殫精竭智，勞怨不辭，而 先生之疾即伏於是矣。歷任華盛頓會議外交後援會主任，全國財政善後委員會委員，第三中山大學勞農學院教授兼總務主任，北平政治分會祕書兼第三股主任，京華美術專門學校校長，北平大學，朝陽大學，中國大學，平民大學教授，北京大學經濟系主任兼註册部主任。或僶俛從事，或循循善誘，著有貨幣論新聞學等書，見重士林。性和易而律己甚嚴，嘗書銘座右以自勵，素尚節儉，而不悋施與。十九年五月二十九日在北京大學授課，猝患暈厥，閱三日卒，享年三十七歲。元配文夫人早歿，繼配蔡夫人，側室梅氏，子四，厚仁，厚義，文出；厚堯，蔡出；厚舜，女一厚智梅出。余與　先生共事大庠十有餘載，良朋驟失，痛何如之，不辭固陋，而爲之狀，庶當世君子有所採焉！

中華民國十九年六月二十日陳大齊謹狀

新聞學綱要
（全一册）
實價七角

著作者 徐寶璜
編纂者 黃天鵬
出版者 上海聯合書店

總發行所 上海四馬路
上海聯合書店

版權所有
不准翻印

1930.10.20. 初版
1——1500

新聞学綱要

徐寶璜 著